청와대 일대

인왕산

신교동

옥인동

누상동

누하동

효자

창성동

필운동

경복궁

통인동

체부동

통의동

영추문

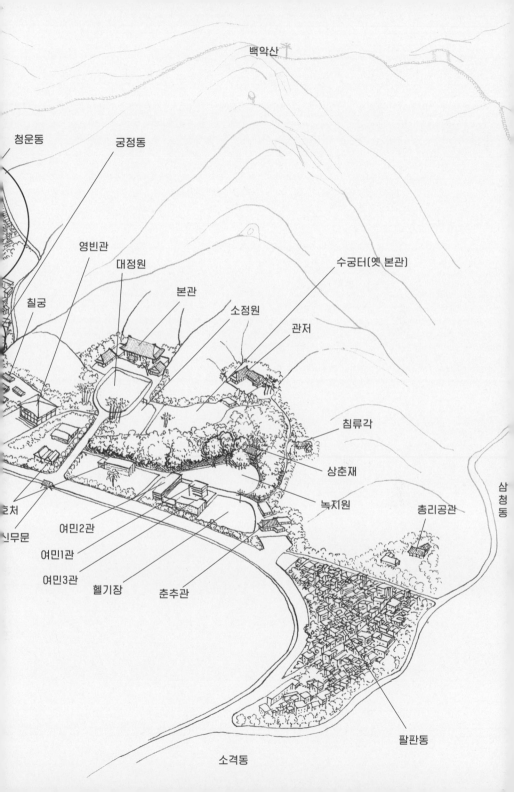

백악산

청운동

궁정동

영빈관

대정원

본관

소정원

수궁터(옛 본관)

관저

칠궁

침류각

상춘재

녹지원

삼청동

총리공관

여민2관

여민1관

여민3관

헬기장

춘추관

팔판동

소격동

처음 만나는 청와대

이제는 모두의 장소

처음 만나는 청와대

안충기 지음

위즈덤하우스

서울특별시 종로구 청와대로 1.

백악산 아래 자리 잡고 있는 청와대 주소다. 일제강점기이던 1911년 12월 20일 얻은 첫 주소는 '광화문 1번지'였다. 광복 이듬해인 1946년 1월 1일부터는 '세종로 1번지'가 됐다. 2014년 1월 1일부터 지금의 도로명이 공식 주소가 됐다. 근대 주소체계를 도입한 뒤 세 번째 얻은 이름이지만 변함없는 '1번지'였다.

1번지가 사라질 뻔한 일이 한번 있었다. 2007년 4월 5일 도로명주소법을 만들 때였다. 종로구는 새 주소를 '청와대앞길 50번'으로 정했다. 청와대 측에서 정정신청을 냈다. 앞을 지나는 길이 왕복 4차선이니 원칙에 따라 '길'이 아닌 '로'를 붙여야 하고 장소 인지도를 고려해 '1번'이 바람직하다는 내용이었다. 대한민국 첫 번째를 상징하는 숫자 1을 포기할 수 없다는 뜻이었다. '대로'는 왕복 8차선 이상, '로'는 왕복 2차선 이상, 이 아래는 '길'이라 부르기로 했으니 달리 거부할 이유가 없었다. 게다가 권력 핵심의 요청이니 안 돼도 된다고 했을 테다. 그래서 지금의 청와대 주소는 '청와대로 1'이다.

하지만 청와대는 주소만 있을 뿐 밖으로는 드러나지 않았다. 국내에서 발행하는 지도 어디에도 경내가 나오지 않았다. 백악산 아래 청와대 일대는 숲으로 표시돼 있었다. 구글 지도에는 훤히 보이는데도 비공개 정책은 바뀌지 않았다. 내국인들에게 청와대는 끝까지 비밀스럽고 베일에 가린 공간이었다.

이런 청와대가 2022년 봄날 갑자기 지도에 등장했다. 경내에 흩어져 있는 건물들, 그 사이를 잇는 크고 작은 길들, 햇볕을 피해 그늘에 세워놓은 자동차들, 녹지원 명물 반송 그림자까지 또렷하게 보였다. 대통령 집무실이 용산으로 옮겨가면서다.

1948년 대한민국 정부 수립 뒤 74년, 1939년 일제 조선총독 관저 시절부터라면 83년 만에 청와대 문이 열렸다. 누구나 갈 수 없는 공간이 아무나 갈 수 있는 공간이 됐다. 최고 권력의 공간에서 시민의 공간이 됐지만 안타깝게도 개방 준비가 부족했다. 관람객들은 무엇을 어떻게 봐야 하는지 제대로 알지 못해 겉핥기 구경에 그쳤다.

청와대는 청와대 혼자 존재하지 않는다. 백악산, 인왕산, 경복궁, 그 주변에 자리 잡은 동네들과 이어질 때 청와대다운 청와대가 된다. 두 계절 동안 청와대와 주변을 구석구석 돌아보았다. 청와대가 어떤 역사를 가지고 있는지, 무슨 이야기를 담고 있는지 살폈다.

철펜에 먹물 찍어 직접 그린 경내 그림들도 사이사이에 넣었다.

청와대를 거쳐 간 대통령은 다음 12명이다.

1~3대 이승만 (1948년 7월 ~ 1960년 4월)

4대 윤보선 (1960년 8월 ~ 1962년 3월)

5~9대 박정희 (1963년 12월 ~ 1979년 10월)

10대 최규하 (1979년 12월 ~ 1980년 8월)

11~12대 전두환 (1980년 8월 27일 ~ 1988년 2월 24일)

13대 노태우 (1988년 2월 25일 ~ 1993년 2월 24일)

14대 김영삼 (1993년 2월 25일 ~ 1998년 2월 24일)

15대 김대중 (1998년 2월 25일 ~ 2003년 2월 24일)

16대 노무현 (2003년 2월 25일 ~ 2008년 2월 24일)

17대 이명박 (2008년 2월 25일 ~2013년 2월 24일)

18대 박근혜 (2013년 2월 25일 ~ 2017년 3월 10일)

19대 문재인 (2017년 5월 10일 ~ 2022년 5월 9일)

자, 대한민국 1번지 청와대, 함께 들어가 볼까요.

2022. 10   이 동 기

차
례

3장 | 나무와 풀의 천국

4장 | 베일 벗은 문화유산

5장 | 사연 많은 예술품

9장 | 길 아래 물길이 있다

10장 | 백악산 가는 길

11장 | 청와대서 용산까지

백악산 아래 자리한 청와대 전경. 비행금
지구역이 풀리면서 드론으로 사진을 찍
을 수 있게 됐다. (사진 출처: 연합뉴스)

1장
전면 개방까지
83년

어느 날 갑자기

'사랑하고 존경하는 국민 여러분'에게 청와대 담장은 높았다. 그간 한 발 두 발 문을 열어왔지만 닿을 수 없는 영역이 많았다. 2022년 5월 10일, 완고하던 빗장이 갑자기 열렸다. 대통령 집무실이 용산으로 떠나면서다. 1939년 일제 조선총독 관저가 들어선 뒤 83년 만이었다.

"공간이 의식을 지배한다."

윤석열 대통령이 당선인 시절 밝힌 청와대 이전의 의미다. 건축계에서는 익숙한 말이다. 본래는 광화문으로 이전할 계획이었다. 사정이 여의치 않자 찾은 대안이 용산이다. 이전을 놓고 찬반이 갈렸다. 반대하는 쪽은 무슨 이유로 멀쩡한 공간을 두고 큰돈 쓰며 이사 가냐고 물었다. 건축가들도 의견이 나뉘었다.

"신의 한 수가 아닌가 싶기도 해요. 국방부에 강연차 가본 적이 있는데 태어나서 봤던 뷰 중에 제일 좋았던 것 같아요. (중략) 서울도 강남으로 확장되면서 훨씬 넓어졌지요. 중심축이 어떻게 보면 경복궁 쪽에서 용산 쪽으로 옮겨오는 게 아닌가 생각해요."

- 유현준 홍익대 건축학부 교수, 2022년 3월 17일 CBS라디오 〈김현정의 뉴스쇼〉

"윈스턴 처칠이 한 말이 있어요. 우리는 건물을 만들고 건물은 다시 우리를 만든다. (중략) 그러니까 이게 어느 정도 영향을 받는다는 거죠. (중략) 그렇지만 공간보다 더 먼저인 건 사람입니다. 사람이 항상 더 먼저고 공간은 지배당하는 게 아니라 우리가 공간을 장악하는 겁니다."

- 김진애 전 의원, MIT 도시계획 박사, 2022년 3월 25일 KBS1라디오 〈주진우 라이브〉

일본 근대정치 권위자이자 도시계획 분석가인 미쿠리야 다카시 도쿄대 명예교수는 "건축이 정치를 결정하고 정치가 건축을 결정한다"고 말했다. 총리가 관저 내부에서 자유롭게 옮겨 다닐 수 있어야 스스로 고립되지 않는다는 말이다.

김영삼, 김대중, 노무현, 이명박, 문재인… 역대 대통령들도 집무실을 청와대 밖으로 옮기려 했다. 하나같이 국민과의 소통을 명분으로 내세웠지만 모두 거둬들였다. 마땅한 공간을 찾지 못했고, 괜찮은 공간은 경호가 어렵고, 이전 비용 또한 장난이 아니었기 때문이다. 집무실 이전은 대통령 혼자만의 문제가 아니다. 보좌 인력이 연쇄 이동을 하니 복잡한 공간 재배치가 따른다. 무엇보다 주변 지역과 연계한 경호체계의 변화는 첨예하다.

1993년 김영삼 대통령은 취임하며 광화문청사 집무 공약을 포기했다. 대신 임기 첫날 청와대 앞길과 인왕산을 개방했다. 2주 뒤에는 궁정동과 삼청동의 안가 12채 철거를 지시했다. 1998년 김대중 대통령도 광화문청사와 과천 제2청사에 집무실을 마련하려다가 포기했다. 대신 광화문청사에서 처음으로 국무회의를 주재했다. 청와대 관람 대상도 단체에서 개인, 외국인까지 확대했다. 2002년 충청권 행정수도 공약을 내세워 집권한 노무현 대통령은 아예 서울을 뜨려 했다. 하지만 2004년 헌법재판소는 이를 위헌이라고 결정했다. 청와대 주변 개방은 속도가 붙었다. 이때 신무문이 경복궁 사대문 중 마지막으로 열렸다. 창의문(자하문)에서 와룡공원에 이르는 한양도성 백악산 구간도 처음으로 개방했다. 서울시장 출신인 이명박 대통령도 서울청사 별관에 집무실을 마련하려고 했으나 없던 일이 됐다.

문재인 대통령도 광화문청사로 출근하려 했으나 뜻을 이루지 못했다. 대신 청와대 앞길을 24시간 열고 백악산 북측 탐방로도 개방했다. 퇴임 직전에는 백악산 등산로 중 마지막으로 남측 코스까지 열었다. 경내 핵심시설 외에는 모두 개방을 한 셈이다.

그리고 2022년 윤석열 정부가 들어서며 정문까지 열었다. 관람 신청을 받자마자 사흘 만에 예약자가 112만 명을 넘어섰다. 개방 초기에 폭주하던 관람객은 5개월 만에 하루 1만여 명 정도로 안정이 됐다.

청와대 터 내력

청와대 터는 경복궁 역사와 맥을 같이 한다. 이 일대가 역사의 전면에 등장한 계기는 고려 문종 때이던 1067년 개경 바깥에 삼경을 설치하면서다. 서울이 남경, 평양이 서경, 경주가 동경이다. 천도를 계획한 숙종은 1104년 남경에 행궁을 완공한다. 지금의 경복궁 서북쪽인 신무문과 태원전 일대로 추정한다. 행궁이 들어서며 일대는 백성의 땅에서 권력의 땅이 됐다. 남경은 왕들이 때때로 머무는 이궁 역할을 했다. 예종, 인종, 의종, 충렬왕 등이 개경과 남경을 오갔다. 우왕과 공양왕 때 잠시 천도를 했으나 오래가지는 못했다. 나라가 기울어가며 동력이 떨어졌기 때문이다.

개경에서 개국한 조선은 한양을 도읍으로 정했다. 새 술은 새 부대에 담겠다는 뜻이었다. 고려 남경 터는 비좁아 그 앞쪽 너른 땅에 경복궁을 세웠다. 남경 터에 설치한 회맹단(會盟壇) 자리가 신무문 일대인지 청와대 일대인지는 확실하지 않다. 회맹단은 임금이 신하들에게 충성서약을 받는 자리다. 쿠데타로 정권을 잡은 태종은 여기서

1948년에 찍은 경복궁과 청와대 일대. 앞쪽에 지금은 사라진 조선총독부가 있다. 경복궁 내 전각 대부분이 헐리고 근정전과 경회루 정도만 남아 있다. (사진 출처: 부경근대사료연구소)

회맹을 다섯 차례 치렀다. 단합대회를 통해 불안한 권력을 다잡기 위함이었다. 회맹단은 권위의 공간이라 세종에서 선조까지 임금들은 백악산 일대에서 돌도 캐지 못하게 했다.

경복궁은 임진왜란 때 불탄 뒤 270여 년간 폐허로 있었다. 왕들은 주로 창덕궁에서 정사를 보았다. 경복궁은 고종 때 중건하며 (1865~1868) 34년 동안 다시 제1궁인 법궁 역할을 한다. 전각들이 들어차며 궁 안에 여유 공간이 부족하자 신무문 북쪽 일대에 후원(後苑)을 만들었다. 백악산에서 능선 하나가 흘러 내려와 후원 한가운데를 지나간다. 능선 끄트머리 일대에 경무대(景武臺)라는 이름을 붙였다. 경복궁(景福宮)에서 '경(景)'을 가져오고 경복궁 북문인 신무문(神武門)에서 '무(武)'를 가져와 이름을 만들었다는 말이 있으나 글쎄다. 경무대는 창덕궁 후원에 있는 춘당대 같은 역할을 했다. 여기에 1868년부터 이듬해까지 488칸의 부속 건물이 들어섰다. 이 시기 건물 배치도인 〈북궐도형(北闕圖形)〉을 보면 후원은 20만 제곱미터가 넘는 땅에 건물 32동이 있다.

경무대 동쪽에는 너른 평지가 있어 병사들이 훈련을 하고 갖가지 행사도 열었다. 지금의 녹지원 일대다. 평지 동쪽에 융문당이, 북쪽에 융무당이 있었다. 문을 상징하는 융문당에서는 과거 시험을 치르고, 무를 상징하는 융무당에서는 군사 훈련을 했다. 지금의 관저 일대에는 오운각, 옥련정, 침류각이 있었다. 등성이 서쪽 지금의 영빈관 부근에는 경농재가, 그 앞에 임금이 직접 농사를 살피는 내농포가 있었다.

지금의 녹지원과 헬기장 일대로 오른쪽 건물이 융무당, 왼쪽이 융문당이다. (사진 출처: 문화재청, 《사진으로 보는 경복궁》, 2006년, 138쪽)

청와대라는 이름

1939년 조선총독 관저가 후원에 들어서며 일대는 경복궁에서 떨어져 나갔다. 관저 지붕은 증산교 계통인 보천교 본당의 푸른색 기와를 가져다 덮었다. 일본이 패망한 뒤 미군정사령관 존 리드 하지 중장이 이 건물로 들어왔다. 1948년 대한민국 정부를 수립하며 이승만 대통령이 이를 이어받았다. 가난한 신생국이라 관저를 새로 지을 여력이 없었을 터였다. 경무대 이름은 그대로 가져다 썼다. 지명이 건물 이름으로 바뀐 셈이다.

1960년 4.19혁명 뒤 대통령이 된 윤보선은 이승만 정권과 단절을 꾀했다. 소통 없는 독재 권력의 대명사가 된 이름 경무대를 버리고 싶어 했다. 작명을 부탁받은 언론인 출신 김영상은 화령대(和寧臺)와 청와대(靑瓦臺) 두 가지를 제안했다.[1] 관저 지붕을 덮고 있는 기와에서 착안한 이름이 청와대(Blue House)다. 미국 백악관(White House)을 염두에 둔 것이다. 화령은 태조 이성계의 고향인 함경도 영흥의 옛 이름으로 조선을 개국하며 명나라에 요청한 2가지 국호 중 하나다. 윤보선은 화령의 의미를 잘 모르겠다며 청와대를 택했다. 1961년에는 청와대라고 직접 글씨를 써서 큼지막한 바위에 새겼다. 그런데 이 바위가 감쪽같이 사라졌다. 1991년 청와대 본관을 새로 지을 때 부서졌다는 이야기가 있으나 정확한 소재는 모른다.

1963년 박정희 대통령이 취임한 뒤 황와대(黃瓦臺)로 이름을 바꾸자는 제안이 있었다. 황금빛은 자금성 전각 지붕처럼 황제를 상징한다. 최고 권력 비위를 맞추려는 속셈이었을 텐데, 박정희 대통령은 대통령이 바뀔 때마다 이름을 바꿔서 되겠냐며 물리쳤다. 영어 명칭은 'Blue House'로 쓰다가 'Cheong Wa Dae'로 바꿨다. 옛 청와대는 1993년 김영삼 정부 때 '역사바로세우기'를 명분으로 철거했다. 하지만 새로 지은 본관과 관저도 옛 조선총독 관저처럼 청기와 지붕이다. 그 때문에 얻은 청와대라는 이름도 바꾸지 않았다.

전면 개방까지 83년

"우와, 대단하네." 청와대들 둘러본 이들은 대개 이런 반응이다. 웅장한 본관, 너른 정원, 잘 가꾼 숲, 탁 트인 시야에서 오는 감탄이다. 청와대 땅 면적은 25만 3505제곱미터(약 7만 6685평)다. 일제강점기 조선총독 관저 시절에는 이보다 훨씬 큰 64만 4337제곱미터였다. 광복 뒤 23만 980제곱미터로 줄었다가 지금의 크기가 됐다.

생각보다 못하다는 쪽도 있다. 한국의 경제 규모는 세계 10위권으로 올라섰다. 한국 여권은 2022년 2분기 세계에서 가장 힘 있는 여권 중 2위다. 비자 없이 또는 간단한 절차로 갈 수 있는 나라가 192개국이다. 1위는 일본으로 193개국이다.[2] 이 정도 나라의 대통령 공간이라기엔 그리 놀랍지 않다는 얘기다.

금단의 땅, 구중궁궐, 철옹성…. 권위주의 시대에 쉽게 접근할 수 없던 청와대를 두고 하던 말들이다. 누구나 알아도 그만인 정보를 감추고 근무자들 입도 단속하니 소문만 무성했다. 확인할 수 없는 말이 분칠을 더하며 엉뚱한 소설이 되기도 했다.

철옹성은 쇠로 만든 항아리처럼 방비가 튼튼한 성을 말한다. 고려 시대에 평안북도 영변에 쌓은 성의 이름도 철옹성이다. 북쪽에서 이 땅을 넘보던 외적들을 막아내던 방어기지다. 근처에 김소월의 시 〈진달래꽃〉으로 익숙한 약산이 있다. 공교롭게도 철옹성 바로 아래를 휘돌아 흐르는 구룡강 강변에 영변 핵시설이 있다. 문을 열고 보니 청와대는 금칠한 아방궁도 철옹성도 아니었다.

청와대 개방은 역대 대통령들의 단골 이벤트였다. 여기에는 패턴이 있다. '국민과 터놓고 소통하겠다 → 소통하겠다 → 하겠다 → 그게 좀 → 뭐 그런 걸 다.' 임기 초 권력자들은 누구나 의욕에 넘친다. 동네 밥집도 다니고 시민들을 초청해 사진도 찍는다. 한데 시간이 흐르며 대중 앞에 나서는 빈도가 점점 줄어든다. 그래도 시대 변화를 거스르지는 못했다.

경무대가 고향인 김경숙 씨

경내 개방은 초대 이승만 대통령 때부터 있었다. 한국전쟁의 혼란이 어느 정도 가라앉은 뒤였다. 주로 벚꽃이 필 무렵이었다. 1955년에는 6만여 명이 방문했다. 녹지원 옆 돌다리에서 물고기를 구경하는 아이들, 수학여행 온 대구 경북고등학교 학생들이 경무대를 구경하고 대통령과 찍은 기념사진도 있다. 대통령이 경무대 앞에서 교복을 입은 어린이들에게 훈시하는 모습도 있다. 옆에 있는 탁자 위에 쌓인 선물 꾸러미를 나눠주며 이런 말을 했을 테다. "어린이 여러분, 공부 열심히 하여 훌륭한 사람이 돼야 합니다. 나라에 충성하고, 부모에 효도하고…" 요즘 아이들이 들으면 뭔 소리야 하겠지만.

1957년에는 만삭의 임산부가 벚꽃 구경을 하다가 경무대 안뜰에서 아기를 낳았다. 소식을 들은 이승만 대통령은 경무대의 첫 글자를 따서 김경숙(金景淑)이라는 이름을 지어줬다. '경무대동이'라는

1955년 경무대를 방문한 어린이들. 녹지원 옆을 흐르는 개울에서 물고기를 구경하고 있다. (사진 출처: 국
가기록원)

별명을 얻은 아이 가족은 이듬해 1월 초청을 받아 대통령 부부와 기념사진을 찍었다. 그때 일이 즐거웠던지 대통령 부인 프란체스카는 수소문 끝에 세무공무원이 된 경숙 씨를 30년 만에 만났다. 1988년이었다.

1960년 4·19혁명이 일어나고 8월에 윤보선 대통령이 취임했다. 12월 30일 경무대는 청와대로 이름을 바꿨다. 다음 해 4월 15일 윤보선 대통령은 청와대 문을 열고 봄나들이 온 시민들을 만난다. 청와대는 창경원과 함께 서울의 꽃구경 명소였다. 그때 사진과 같이 실린 기사를 보자.

『허허! 요즈음은 내 집이 한결 사람 사는 맛이 나는구료-』
십사일 평민대통령 해위(海葦) 선생은 「골덴」복에 「스틱」을 짚은 채 청와대를 찾아든 상춘객들과 환담을 하고 있었다. 지난날 줄지어 질서정연(?)히 경무대를 구경하던 긴장된 시민의 모습은 볼 수 없었고 환해진 얼굴로 마음껏 대통령 관저 일대를 구경하는 모습이 퍽 인상적이었다. 이날 하루에도 청와대를 찾는 시민은 무려 사만여 명이나 된다고….**3**

해위는 윤보선 대통령의 호다. 관저를 '내 집'이라고 하는 말이 지금의 기준으로는 어색하지만 뭐 80여 년 전이었으니까. 한 달 뒤 5.16쿠데타가 일어났으니 대통령으로서 윤보선의 봄날은 짧았다.

백악산 넘어온 무장공비들

박정희 대통령도 집권 초반에는 봄꽃 필 무렵이 되면 청와대를 열었다. 어린이날에는 아이들을 만나 공책과 연필을 나눠주고 방문 객들과 이야기를 나눴다. 1966년에는 4월 1일부터 27일까지 개방했 다. 첫날 1만여 명이 방문했다. 엄마 손을 잡고 온 쌍둥이 형제를 만 나기도 했다. 1967년 4월 22일에는 4만 3000여 명이 방문했다. 대부 분 시골에서 온 사람들이었다.

1968년 1월 21일 북한 무장공비가 청와대를 습격했다. 대통령 경호가 삼엄해지며 청와대는 외부에 문을 걸어 잠그기 시작했다. 이 해 12월 11일 콘크리트로 만든 광화문이 모습을 드러냈다. 네 귀퉁 이에는 방어시설인 벙커를 설치했다. 청와대는 서울 한복판의 섬이 됐다. 이후 50여 년 동안 청와대 인근은 특급통제구역이 됐다. 1974 년 광복절에 육영수 여사가 문세광의 총에 피살된 뒤 제약은 더 심 해졌다. 청와대 주변 도로를 전면 차단하고 인왕산과 백악산도 출입 을 금지했다. 인근 주민들은 재산권을 제한받고 생활에도 제약이 많 았다.

최규하 대통령이 청와대에 머문 기간은 짧다. 1979년 12.12쿠데 타 뒤부터 1980년 8월까지이니 권한대행 기간을 포함해 10개월 정 도다. 취임 초에는 수리하느라 총리 관저에서 79일간 청와대로 출퇴 근했다. 정국이 극도로 혼란했으니 청와대를 개방할 여유도 없었다. 쿠데타로 정권을 잡은 전두환 대통령은 취임식 날 골라 뽑은 시민들을 청와대로 초청했다. 1980년 말에는 효자동과 팔판동 일대 통행을 일부 허용했다. 하지만 1983년 10월 미얀마(구 버마) 아웅산에서 폭탄 테러가 일어난 뒤 일대는 다시 전면통제로 돌아갔다. 그 뒤 특별한 날이 아니면 청와대 문은 열리지 않았다. 1983년 경내 첫 전통 한옥인 상춘재(常春齋)를 짓고도 준공식조차 하지 않았으니 말이다.

노태우 대통령 선거공약 중의 하나가 청와대 개방이었다. 취임 며칠 뒤인 1988년 3월 1일 충북 음성에서 온 한센병 환자 300여 명 등 959명을 영빈관에 초청했다. 이듬해에는 경내를 개방해 2월 24일부터 5일간 전국에서 5000여 명이 관람했다. 1990년에 관저를, 1991년에는 본관을 새로 지었다. 장기집권 획책이라거나 대통령이 사치한다는 반발이 나올 법한데 야권에서 발목을 잡지 않았다. 1987년 대통령 직선제를 핵심으로 한 개헌안이 통과되고, 88올림픽을 치르며 세계무대에서 한국의 위상이 커졌다. 정가의 분위기도 그만큼 달라졌다. 새 본관 준공식에는 당시 김대중 신민당 총재도 참석했다. 준공 다음 날 첫 공식행사에는 회사원, 택시기사, 주부 같은 '보통사람'들이 초청을 받아 왔다. 나름 큰 변화였다.

바리케이드 철거하던 날

1993년 2월 25일 정오, 김영삼 정부 첫날 청와대 앞길을 가로막고 있던 바리케이드가 사라졌다. 낮에는 승용차와 관광버스도 검문 없이 다니게 됐다. 인근의 효자로는 오전 6시부터 자정까지, 팔판로는 24시간 내내 화물차를 빼고 모든 차의 통행을 허용했다. 청와대 앞길의 일반인 개방은 1.21사태 뒤 처음이었다. 구경거리가 생겼다고 주말이면 일대에 교통 혼잡이 빚어졌다. 택시를 타고 와 정문 앞에 내려 대통령 딸이니 들여보내 달라는 이도 있었단다. 인왕산 등산로도 열었다. 주변 환경이 바뀌기 시작했다. 당시 기사가 이런 분위기를 전한다.

청와대 일대 땅값 "들먹"
옥인 · 효자동 등 "도심 최고주거지역" 눈독
'고도제한 완화' 소문도 가세

문민정부 출범과 함께 과거 25년 동안 일반인 출입을 통제했던 청와대 앞길과 인왕산 등산로가 25일부터 개방됨에 따라 옥인동·누상동·효자동·팔판동 등 서울중심지 10여 개 동 일대의 부동산경기가 꿈틀거리고 있다. 특히 서울시가 이 지역의 개방에 따라 효자로·삼청동길을 중심으로 한 청와대·경복궁 주변 6000필지 35만여 평에 대한 고도제한을 현재의 10~15미터에서 12~20미터로 완화할 계획으로 알려져 땅값 부추김을 자극하고 있다.

● **거래 문의 급증** 26일 이 지역 일대 부동산업계에 따르면 통제조치가 풀린 25일 이후 부동산중개업소 등에는 시세와 매물 종류 등을 문의하는 전화가 하루 최고 20통씩 걸려오고 있으며 부동산업소를 직접 찾는 사람들도 부쩍 늘고 있다는 것이다. 특히 풍치지구로

1993년 5월 5일. 청와대는 어버이날을 맞아 어르신 203명을 초청했다. 몸이 불편해 등에 업혀 입장하는 노인을 맞는 김영삼 대통령 내외. 김영삼 대통령은 업은 사람이 경호원인 줄 모르고 "아들 잘 두셨습니다" 라고 했단다. (사진 출처: 중앙포토)

지정된 인왕산 입구 지역이 올 상반기 중 해제될 것이라는 소문까지 나돌아 본격 이사철이 되면 매물 등을 찾는 발길이 잦아질 전망.

● **부동산 가격** 인왕산 자락을 끼고 있는 청운동 청운아파트(576가 구) 11평형은 한 달 전까지만 해도 5000만 원에 거래됐으나 최근 들 어 7000만~8000만 원을 호가하고 있다. 지난 해 말까지 1억 원 선 에서 거래됐던 옥인동 옥인아파트(300여 가구) 18평형도 1억 2000만 원 선으로 올랐고 앞으로 값이 더욱 오를 것이라는 기대 때문에 매 물은 자취를 감춘 실정이다.

● **개발 전망** 69년에 건축된 5층 규모의 청운아파트 주민들이 재건

축을 추진하고 있으며 청운동 56 일대 노후불량주택 50여 가구 주민들도 재개발을 요구하고 있어 고도제한규정이 완화될 경우 도심과 가까운 최적의 주택지로 개발될 전망이다. 이 밖에도 서울시는 신교동 12 일대 2000평과 누상동 166 일대 2만여 평을 주거환경개선지구로 이미 지정했으며 옥인동 47 일대 3만여 평도 지구 지정을 추진 중이어서 주민들은 개발 기대에 부풀어 있다.[4]

날짜만 바꾸면 2022년 상황과 거기서 거기다. 이 시기에 궁정동 안가를 부숴 무궁화동산을 조성했다. 역대 대통령들이 해외 국빈들에게 받은 선물을 전시하는 효자동 사랑방도 만들었다.

개방에 가속도가 붙었다. 1998년 김대중 대통령이 취임하며 단체만 가능하던 관람을 개인과 외국인에게까지 허용했다. 이해 관람객이 20만 명을 넘었다. 2001년 11월에는 칠궁도 열었다. 뒤이어 노무현 대통령 때는 본관과 녹지원까지 둘러볼 수 있게 됐다. 2004년 10월 19일에는 경복궁 경회루도 개방했다. 이전까지는 2층에서 청와대가 보인다는 이유로 일반인이 들어갈 수 없었다. 2006년 9월엔 경복궁 북문인 신무문을 열었다. 1.21사태 뒤 38년 만이었다. 다음 해 4월에는 숙정문 쪽 한양도성길을 열었다. 청와대 주변 등산로 개방은 처음이었다. 개방을 하며 노무현 대통령이 한마디 했다. "혼자 보기가 좀 미안한 것 같더라."

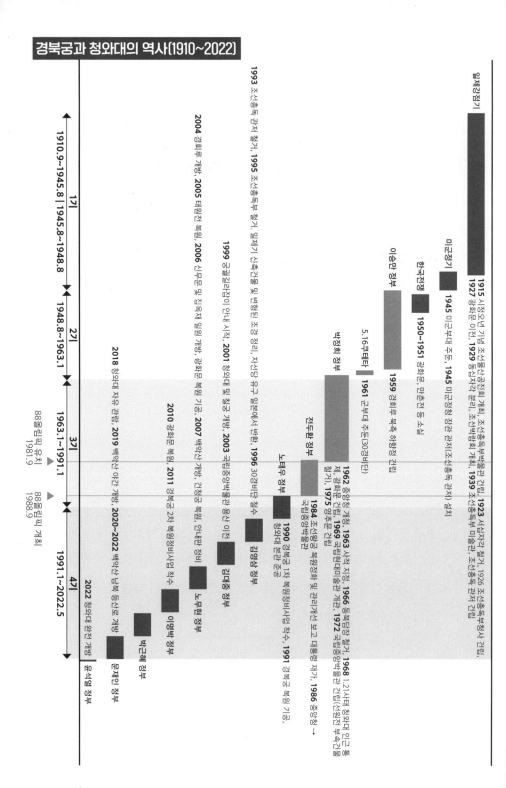

경북궁과 청와대의 역사(1910~2022)

일제강점기
1915 시정오년 기념 조선물산공진회 개최, 조선총독부박물관 건립, 1923 서십자각 철거, 1926 조선총독부청사 신축 건립, 1927 광화문 이건, 1929 동남지각문 철리, 조선박람회 개최, 1939 조선총독부 미술관, 조선총독 관저 건립

미군정기
1945 미군부대 주둔, 1945 미군정청 장관 관저(조선총독 관저) 설치

한국전쟁
1950~1951 광화문, 민춘전 등 소실

이승만 정부
1959 경회루 특축 하향정 건립

5.16쿠데타
1961 군부대 주둔(30경비단)

박정희 정부
1962 중앙청 개관, 1963 사직 지정, 1966 독복문장 철거, 1968 1.21사태 청와대 인근 총격, 광화문 건립 1969 국립현대미술관 개관, 1972 국립중앙박물관 건립(선정전 부속건물), 1975 영추문 건립

1984 조선왕조 복원정화 및 관리개선 보고 대통령 재가, 1986 중앙청 국립중앙박물관

전두환 정부
1984 조선왕조 복원정화 및 관리개선 보고 대통령 재가, 1986 중앙청 → 국립중앙박물관

노태우 정부
1990 경복궁 1차 복원정화사업 착수, 1991 경복궁 복원 기공,

1990 경복궁 1차 복원정화사업 착수, 1991 경복궁 복원 기공, 청와대 본관 준공

김영삼 정부
1993 조선총독 관저 철거, 1995 조선총독부 철거, 일제기 신축건물 및 변형된 조경 정리, 지선은 유구 일본에서 반환, 1996 30경비단 철수

김대중 정부
1999 근정전회랑이 안내 시작, 2001 청와대 및 철정 개방, 2003 국립중앙박물관 용산 이전

노무현 정부
2004 경회루 개방, 2005 태원전 특축, 2006 신무문 및 집옥재 일원 개방, 광화문 특축 기공, 2007 백악산 개방, 건청궁 특축, 안내판 정비

이명박 정부
2010 광화문 특축, 2011 경복궁 2차 특축정화사업 착수

박근혜 정부
2018 청와대 자유 관람, 2019 백악산 아간 개방, 2020~2022 백악산 남북 등산로 개방

문재인 정부
2022 청와대 완전 개방

1기
1910.9~1945.8 | 1945.8~1948.8

2기
1948.8~1963.1

3기
1963.1~1991.1

88올림픽 유치
1981.9

88올림픽 개최
1988.9

4기
1991.1~2022.5

윤석열 정부

8000번 버스, 01번 버스

2008년 이명박 정부는 분수대 앞에 있는 효자동사랑방을 관광홍보관인 청와대사랑채로 확대 개편했다. 청와대 앞길을 다니는 8000번 버스도 생겼다. 시내버스로는 처음이었다. 분수대 앞~국립민속박물관~경복궁~안국동~조계사~종각역~을지로입구~롯데백화점~북창동~숭례문~서울역을 순환하는 노선이었다. 매월 마지막 주 토요일에만 가능하던 청와대 관람이 매주 토요일로 늘어났다. 하지만 8000번 버스는 적자를 이기지 못하고 4년 8개월 만에 없어졌다. 그때까지 쌓인 적자가 20억 원이었다. 그간 노선을 두 차례 바꿨지만 손님은 늘지 않았다. 당시 시내버스 한 대당 평균 승객은 하루 700여 명인데 이 버스는 100명이 안 됐다. 청와대 앞길을 통해 버스로 삼청동과 효자동을 오가는 주민은 많지 않았다. 경내도 일주일에 한 번 개방하니 버스를 타고 찾아오는 관람객도 드물었다.

박근혜 대통령은 대중과 거의 만나지 않았다. 그렇다고 그간 이루어진 경내 개방을 되돌리지는 않았다.

2017년 문재인 대통령은 취임 다음 달인 6월 26일부터 청와대 앞길을 24시간 열었다. 이때부터 검문 없이 밤에도 다닐 수 있게 됐다. 2020년 11월 1일에는 백악산 북측 등산로를, 퇴임 직전에는 청와대 바로 뒤인 남측 면까지 열었다. 54년 만에 백악산은 어느 길이나 막힘없이 다니게 됐다.

청와대 완전 개방 뒤 앞길을 지나는 01번 버스가 다시 생겼다.

거목들이 줄지어선 청와대 앞길. 여름에는 그늘이 짙어 햇볕 걱정 없이 걸을 수 있다.

충무로역~남산 한 바퀴~시청앞~청와대 앞길~안국역~충무로역을 거
치는 순환노선이다. 청와대에 가려면 효자동삼거리나 춘추문 앞에
서 내리면 된다. 600원. 청와대와 경복궁은 물론 남산까지 한꺼번에
둘러보는 버스비다.

대정원에서 바라본 본관과 인왕산 . 웅장한 바위를 드러내려 인왕산을 실제보다 앞으로 당겨 그렸다.

엄홍기

2장

걸어서
경내 한 바퀴

본관 귀마루에 앉은 잡상 11개

세종로사거리에서 북쪽을 보면 광화문 뒤로 쿵 하고 본관이 눈에 들어온다. 거꾸로 본관 앞에서 남쪽을 보면 고도가 높지 않은데도 사대문 안과 남산, 관악산까지 훤히 내다보인다. 본관은 대통령이 집무를 보고 외국 국가원수나 외교사절을 맞던 공간이다.

노태우 정부 때인 1991년 9월 4일 완공했다. 이때까지 역대 대통령들은 비좁은 옛 본관에서 업무를 보고 생활했다. 새 본관은 기품 있고 유려한 팔작지붕이다. 15만 장의 푸른 기와는 도자기처럼 구워 100년 이상을 버틸 수 있단다. 한옥의 모습을 하고 있지만 사실은 콘크리트 건물이다. 어마어마한 기와의 무게를 나무가 지탱할 수

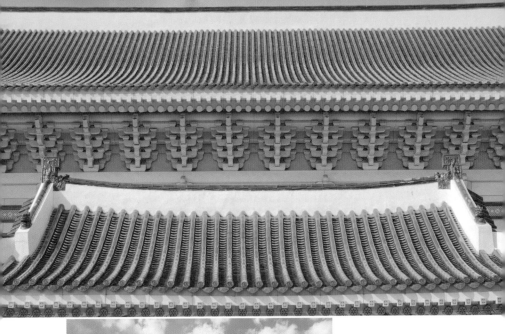

위. 본관의 지붕을 찍은 사진이다. 청와대라는 이름에 맞게 푸른 기와를 올렸다.

아래. 청와대 대표 얼굴인 본관. 가운데 본채가 대통령 집무실, 왼쪽 별채가 세종실, 오른쪽 별채가 충무실 이다. 본관에서 내다보면 경복궁 북문인 신무문이 일직선으로 보인다.

없기 때문이다. 상징성을 높이려 자
재 선택에도 이야깃거리를 만들었
다. 바깥벽 마감재는 포천에서 가져
온 화강암이다. 내부에는 강원도 명
주에서 자란 홍송을 썼다.

본관 귀마루 위 잡상들.

　귀마루에 앉아 있는 장식기와
인 잡상이 눈길을 끈다. 화재와 악
귀를 막아준다는 주술적 의미로 설
치한다. 본채에는 경복궁 경회루처
럼 11개를 올렸다. 경복궁 근정전과
창덕궁 인정전의 9개, 덕수궁 중화전 10개보다 격을 높인 셈이다. 관
저 잡상은 7개다. 베이징의 자금성 정전인 태화전에 11개가 올라가
있으니 본관이 잡상 수로는 중국 황제 집무실과 동급인 셈이다. 중
국에는 사찰 지붕에도 잡상이 있지만 한국은 궁궐과 관련 있는 건물
에만 설치한다. 민가, 서원, 향교, 사찰 귀마루에는 보이지 않는 이유
다. 일본 건물에는 잡상이 없다. 잡상 구성원은 서유기에 나오는 삼
장법사와 그를 따르는 신화 속 동물이지만 중국이나 한국이나 꼭 그
렇지는 않다. 한국에는 삼장법사가 빠지고 손오공, 사자, 해치, 용, 봉
황, 물고기 등이 등장한다.

게양대에 봉황기가 걸리면

본관 내부 모습은 전통양식과 서구양식이 섞여 있다. 2층으로 올라가는 중앙계단에는 붉은 카펫이 깔려 있고, 기둥은 한옥 형식이다. 우물천장에 달려 있는 샹들리에는 꽤나 화려한데 방마다 형태가 다르다. 벽에 붙어 있는 조명등은 왕관이나 용 모양을 하고 있고, 콘센트와 문손잡이는 전통 문양의 금빛 장식을 두르고 있다. 전통과 현대의 어색한 동거랄까 절충이랄까, 양쪽을 적당하게 섞어 쓱쓱 비벼낸 느낌이다. 이런 이유로 한국 현대 건축물 최악의 사례 중 하나라고 혹평하는 건축가도 있다. 하지만 시대 상황을 감안할 필요가 있다. 본관을 지은 90년대는 한국 경제 규모가 본격 궤도에 오르던 시기다. 독재 시대를 마감하며 국제무대에서 존재감을 드러내기 시작한 때다. 한 단계 더 도약하면 선진국 대열에 진입할 수 있는 단계였다. 열망의 한편에는 과연 해낼 수 있을까 의구심도 있었다. 본관 건축에는 이런 자긍심과 열등감이 버무려져 있다. 지금은 어정쩡해 보이지만 당대의 한계를 생각하면 그럴 수도 있겠구나 싶다.

본채는 2층이고 양쪽에 같은 모양의 별채가 있다. 본채 1층에는 대통령 부인이 외빈을 만나는 무궁화실, 간담회가 열리는 인왕실이 있다. 2층에는 대통령 집무실과 접견실, 귀빈을 만나는 백악실, 비서실장실이 있다. 대통령 집무실은 100제곱미터가 넘는다. 입구에서 집무 의자까지 15미터다. 천장은 3미터나 된다. 실내체육관 수준이

영빈관과 본관의 조명들. 현관, 복도, 방마다 모양이 제각각이지만 하나같이 화려하다. 왕관과 용머리 모양이 많다. 나비 모양은 영부인의 공간인 무궁화실에 만 있다.

본관 앞에 있는 드므. 불귀신을 쫓는다는 상징으로 물을 담아 놓았다.

니 배드민턴을 쳐도 되겠다. 공간이 너무 넓어 방에 들어가 허둥대는 장관들도 있었단다. 왼쪽 별채에 국무회의를 열거나 임명장을 수여하는 세종실이 있다. 오른쪽 별채에 있는 충무실은 오찬이나 만찬을 열거나 회의를 하는 장소다.

본관 입구 양옆에는 청동으로 만든 커다란 독이 있다. '드므'라는 독특한 이름을 가지고 있다. 문해(門海)라고도 한다. 문 앞에 있는 바다 같은 물이라는 뜻이다. 불 지르러 온 불귀신이 물에 비친 제 모습에 놀라 도망치게 만든 장치란다. 불났을 때 퍼다 쓰는 소방수 구실도 한다는데, 건물 크기를 생각하면 초기 진압용이라면 모를까 터무니없는 말이다. 그보다는 주술과 상징의 의미가 크겠다. 경복궁 근정전, 창덕궁 인정전, 경희궁 숭의전처럼 웬만한 전각들은 이를 갖추고 있다. 드므 아래쪽에 같은 용도인 부간주를 놓은 곳도 있다. 드므는 밥공기처럼 위가 열려 있고 부간주는 항아리처럼 위가 오므려져 있다.

게양대 두 개 중 하나에는 태극기를, 다른 하나에는 봉황기를 건다. 봉황기가 올라가 있으면 대통령이 경내에 있다는 의미다. 외국 VIP가 오면 봉황기 대신 그 나라 국기를 건다. 본관 앞 넓은 잔디마당이 대정원이다. 국빈 환영 행사 때 육·해·공군 의장대, 전통 의장대 사열을 하는 장소다. 본관에서 소정원을 가려면 불로문(不老門)을 지난다. 창덕궁 애련지 옆에 있는 불로문이 원조로 모양과 이름이 똑같다. 커다란 화강암을 통째로 깎아 이음매가 없다. 흠 없는 돌처럼 무병장수의 기원을 담고 있다.

말도 탈도 많은 본관 위치

본관을 둘러싼 논란이 끊이지 않았다. 비서동인 여민관에서 본관까지는 400미터쯤 되는데 오르막길이다. 경호상 A구역과 B구역으로 나뉜 경내는 근무자 비표 색이 달랐다. 구역을 벗어나면 확인 절차를 거쳐야 한다. 비서진이 대통령을 만나기 힘든 구조다. 위계가

대문인 인수문 앞에 잘생긴 소나무 세 그루가 서 있는 관저. 오른쪽 위에 '천하제일복지' 글자를 새긴 바위
가 보인다. 그 위쪽에 미남불이 있다.

엄연한 조직에서 전화로 보고하기란 쉽지 않다. 대통령이나 비서실장을 직접 만나려면 문에서 문까지 적어도 10분이 걸리니 위급한 상황에는 골든타임을 놓칠 수 있다. 소통에 심각한 문제가 있다는 말이다.

김대중 대통령은 이를 금세 깨달았다. 취임 첫날을 보내고 나서 "청와대에서는 세상을 잘 모르겠다"며 본관 개조를 고려했다. 수석비서관들을 가까이 두기 위해서였다. 하지만 구조상 개조가 불가능해 비서실장 방만 따로 만들었다. 노무현 대통령도 같은 고민을 했지만 본관에서는 방법을 찾지 못했다. 대신 비서동 옆에 여민관을 새로 짓고 그 안에 제2집무실을 만들었다.

소통은 공간 사이의 거리보다 사람 사이의 의지가 더 큰 작용을 한다. 2014년 4월 16일 세월호가 침몰했을 때 대통령의 불통 문제가 폭발했다. 집무실도 아닌 관저에 있던 박근혜 대통령은 배가 가라앉고 있다고 보고하려는 김장수 국가안보실장의 전화를 받지 않았다. 뒤이어 위기관리센터 상황병이 관저로 뛰어갔지만 내실 근무자는 보고서를 침실 앞 탁자에 올려놓았다. 대통령이 광화문청사 안에 있는 중앙대책본부에 도착한 시간은 사고가 일어나고 7시간 뒤였다. 10분이면 닿을 수 있는 거리였다. 컨트롤타워 없이 우왕좌왕하는 사이에 배는 결국 손도 쓰지 못하고 침몰했다.

문재인 대통령은 주로 여민관 집무실에서 근무했다. 본관은 외교사절 접견이나 외빈 만찬 때만 썼다.

2022년 5월에 멈춘 달력

관저는 경내 건물 중에서 가장 높은 위치에 있다. 옛 청와대 관저 터 오른쪽 위다. 본래 경사가 가파르고 움푹한 계곡을 메우고 그 위에 지었다. 돋운 터가 넓지 않으니 건물이 산에 바짝 붙어 있어 뒤에 있는 바위들이 관저를 압박하는 형상이다. 본관도 마찬가지로 계곡을 메운 터 위에 지었다. 본관과 관저가 자리 잡은 땅 밑에는 여전히 물길이 있다. 이를 두고 청와대 흉지설을 이야기하는 이들이 있지만 현대 건축기술 앞에서 머쓱할 뿐이다. 노태우 대통령 때인 1990년 10월에 관저를, 이듬해에 본관을 완공하며 집무공간과 생활공간을 나누었다.

관저는 사적 공간인 만큼 공식행사를 열지 않는다. 특별하거나 예외적인 경우가 아니라면 대통령은 사생활을 좀처럼 노출하지 않는다. 전속 사진사만이 내부에서 찍을 수 있다. 노무현 대통령은 관저를 3번 공개했다. 취임 직후인 2003년 3월과 그해 11월, 임기를 마치고 청와대를 떠나던 날이다. 이때도 입구인 인수문 앞에서만 사진을 찍을 수 있었다. 문재인 대통령은 취임 직후인 2017년 5월 15일 대문을 나와 집무실로 출근하는 모습을 공개했다. 관저에서 본관과 여민관까지는 걸어서 10분 정도다.

박근혜 대통령은 본관보다 관저에 있는 시간이 많았다. 세월호 사고가 일어난 날도 관저에 있었다. 문제가 불거지자 김기춘 비서실장이 국회에 나가 해명했다. "아침에 일어나시면 그것이 출근이고,

주무시면 퇴근입니다."

대통령들이 청와대를 떠난 날은 다음과 같다.

이승만 대통령 1960년 4월 27일. 윤보선 대통령 1962년 3월
24일. 박정희 대통령 1979년 10월 26일. 최규하 대통령 1980년 8월
18일. 전두환 대통령 1988년 2월 25일. 노태우 대통령 1993년 2월
25일. 김영삼 대통령 1998년 2월 24일. 김대중 대통령 2003년 2월
24일. 노무현 대통령 2008년 2월 25일. 이명박 대통령 2013년 2월
24일. 박근혜 대통령 2017년 3월 12일. 문재인 대통령 2022년 5월 9일.

전두환, 노태우, 노무현 대통령은 마지막 날까지 청와대서 보내

창문으로 들여다본 관저. 달력이 2022년 5월에 머물러 있다. 그런데 내부를 정리하며 이마저 치웠다.

고 다음 날 떠났다. 김영삼, 김대중, 이명박 대통령은 마지막 날 자택으로 들어갔다. 다음 대통령이 취임하기 전에 사임한 최규하 대통령과 임기 중 탄핵당한 박근혜 대통령은 임기가 끝나고도 이틀 더 머물렀다.[5]

인수문(仁壽門) 편액이 걸려 있는 대문을 들어가면 정면에 본채가, 오른쪽에 사랑채가, 왼쪽에 청안당이 있다. 사랑채에는 회의실, 접견실, 대식당, 이발관, 경호실, 조리실이 있다. 본채에는 침실, 가족식당, 드레스룸, 당직부속실, 미용실 등이 있다. 매월 마지막 날이면 한 장씩 넘어가던 관저 달력은 2022년 5월에서 멈춰 있다. 청와대가 임무를 다한 때다.

대통령 6명이 거쳐 간 자리

지금은 사라진 옛 집무실은 일제강점기에 조선총독 관저로 지어 노태우 대통령까지 썼다. 1층이 대통령 집무실이고 2층은 살림집이었다. 1층과 2층 사이에 있는 2개의 셔터가 닫히면 오늘 근무 끝이었다. 옛 청와대는 재택근무 1번지였던 셈이다. 노태우 대통령이 청와대에 들어간 첫날 셔터 사용법을 몰라 2개의 문 사이에 갇히는 해프닝이 있었다.[6]

1993년 김영삼 대통령 때 철거하고 정원으로 만들었다. 본관과 관저를 새로 지으며 이를 대통령 기념관 및 박물관으로 보존하자는 의견도 있었으나 듣지 않았다. 본관이 있던 자리에 청기와 일부를 묻고 그 위에 절병통을 놓았다. 정자 지붕마루 한가운데 세우는 항아리 모양의 장식이 절병통이다. 본래 집무실 남쪽 현관 지붕 꼭대기에 있었다. 대통령 경호처 자료에는 "옛 본관 자리는 흙으로 돋우어 훼손된 명당, 길지의 회복을 도모했다"고 적혀 있다. 풍수 논리가 작용했다는 말이다. 지금은 이 자리를 수궁터라고 부른다. 경복궁을 지키던 수궁(守宮)이 있던 곳이라는 뜻이다. 노태우 대통령은 이곳에서 생활하다 새로 지은 본관과 관저로 이사 갔다.

이곳에서 관저로 올라가는 샛길에 의무실이 있다. 의무실 옆에 초소가 있다. 초병이 항상 지키고 서 있었을 텐데 지금은 비어 문이 잠겨 있다. 창문으로 들여다보니 29초소라고 쓰인 명찰이 바닥에 떨어져 있다. 비품함 위에는 근무일지를 기록하는데 썼을 펜이며 충전기며 사탕 몇 개가 흩어져 있다. 문이 활짝 열린 사물함 안에는 전기 배선이 어지럽다. 미처 정리도 못하고 철수한 흔적이다.

200살 넘은 소나무로 지었다

청와대는 나라를 대표하는 장소지만 오랫동안 한옥이 없었다. 경복궁 중건 뒤 후원 역할을 하던 청와대 일대에 즐비하던 건물들이 일제강점기에 모두 헐렸기 때문이다. 이 때문에 외국에서 손님이 와도 한국 전통가옥 양식을 알릴 수 없었다. 전두환 정부 때인 1983년

녹지원 옆에 있는 상춘재. 대통령이 내외 귀빈을 맞는 공간으로, 청와대 경내의 첫 한옥이다.

4월 상춘재를 준공하고 나서야 이런 아쉬움을 풀게 됐다. 200년 넘은 춘양목을 기둥으로 썼다. 일제 때 조선총독부 관사 별관인 매화실(梅花室)이 있던 자리로, 정부 수립 뒤 이승만 대통령 시절 상춘실(常春室)로 이름을 바꿨다. 1977년 12월에 철거하고 1978년 3월 천연 슬레이트 지붕으로 된 양식 목조건물을 지어 상춘재라고 이름을 붙였다. 이를 다시 부수고 만든 상춘재는 대청마루 거실, 온돌방 2개, 주방, 화장실로 구성됐다. 주변 풍광이 수려해 역대 대통령들이 국빈들과 환담을 즐기던 장소다.

한옥이니만큼 누구나 구두를 벗고 실내화로 갈아 신는다. 부시 전 미국대통령은 환담을 마치고 나오다가 댓돌 앞에서 자기 구두를 알아보지 못해 이 신발이 내 신발이냐 저 신발이 내 신발이냐 잠시 헷갈렸단다. 2019년 2월 26일 보수작업을 마친 뒤 맞은 첫 손님은 모하메드 빈 자이드 UAE왕세자였다. 2022년 3월 28일 문재인 대통령과 윤석열 당선인 만찬 회동을 끝으로 상춘재는 임무를 마쳤다.

세상에 이런 풍경

상춘재 주변에 펼쳐진 녹지원은 경내 최고 숲이다. 역대 대통령 기념식수를 비롯해 120여 종의 나무가 자란다. 사계절 내내 풍경이 바뀐다. 여민관 앞에 앉아 잔디밭 너머로 펼쳐진 울창한 숲을 바라보고 있자면 흐르는 시간을 잊는다. 잔디밭은 어린이날, 어버이날 같은 행사가 열리는 장소다. 대통령과 외국 정상들의 단골 산책 장소이기도 하다.

김영삼 대통령은 잔디밭 둘레길 조깅을 즐겨 1993년 7월 클린턴 대통령과 함께 달리기도 했다. 이때 김영삼 대통령다운 일화를 남겼다. 양국 정상의 조깅은 애초에 가벼운 이벤트였다. 함께 뛰는 모습을 보여 굳건한 동맹 사이임을 홍보하자는 목적이었다. 뛰는 시늉만 하면 될 일이었다. 하지만 승부욕이 남다른 김영삼 대통령 아닌가. 뛰기 전에 비서진에게 "클린턴이 미국 사람이니 다리도 길고 얼마나 빨리 뛰겠노. 하지만 지지 않을끼다" 했단다. 아니나 다를까 김영삼 대통령은 평소보다 빨리 달렸다. 클린턴 대통령은 예상 밖 속도에 당황하는 기색이었지만 뒤질세라 덩달아 속도를 높였다. 한두 바퀴 뛰고 그만둘 줄 알았는데 둘은 결국 15분 20초 동안 트랙을 12바퀴나 돌았다. 그때의 조깅 트랙이 다음 쪽 그림 속 잔디밭 둘레길이다. 1995년 5월 28일에는 주민 3000여 명을 초청해 여기서 〈KBS 열린음악회〉를 열었다.

녹지원 옆으로는 작은 개울이 흐른다. 관저 뒤 계곡에서 내려오는 물이다. 물길 양옆으로 키 큰 나무들이 만든 그늘 덕에 한여름에도 무더위를 모른다. 개울을 건너는 다리가 넷이다. 제일 위쪽에 난간 없는 돌다리가 있다. 그 아래 모양이 비슷한 세 개의 다리가 있는데 백악교와 용충교 사이에 있는 다리는 이름이 없다. 다리 아래 사는 물고기들은 늦가을이면 내수면연구소로 이사를 간다. 개울물이 얕아 겨울에는 꽝꽝 얼어붙기 때문이다. 1가구 2주택에다가 상전처

경내에서 풍경이 가장 뛰어난 녹지원 일대 숲.

상춘재 앞 녹지원 풍경이다. 왼쪽 둥근 나무가 천연기념물 반송이다. 오른쪽 숲 아래로 개울이 흐른다.

럼 대접받고 세금 한 푼 내지 않으니 팔자 늘어진 놈들이다.

백악산은 높지 않다. 게다가 흙이 적고 온통 바위산이라 물을 충분히 머금지 못한다. 그런데 아무리 가물어도 녹지원 개울에는 늘 일정한 수량의 물이 흐른다. 청계천처럼 물 순환 시스템을 갖춘 덕이다. 관저 앞에 있는 연못물은 땅 밑으로 들어가 녹지원 개울로 내려간다. 식물원 온실에서 침류각 가는 길옆으로 흐르는 물은 총리공관 쪽으로 넘어가는 계곡에서 나온다.

D등급 받은 비서진 공간

여민관은 대통령 비서진이 일하는 공간으로 청와대 앞길 쪽에 늘어선 건물들이다. 여민(與民)은 여민고락(與民苦樂)에서 따온 말로 국민과 기쁨도 슬픔도 함께하는 곳이라는 의미다. 이명박 정부 때 위민관으로 바꿨다가 문재인 정부 때 다시 여민관으로 돌아왔다. 여민1관(대통령 집무실, 비서실장실, 정무수석실), 2관(민정·경제수석실 등), 3관(외교안보·국민소통수석실 등) 세 개 건물로 이루어져 있다. 대통령이 본관에 근무할 때는 비서진과 소통에 문제가 많았다. 노무현 대통령이 취임한 뒤 옛 경내를 둘러보다 이런 말을 했단다. "여기 있는 철책과 철조망만 걷어서 팔아도 엿을 많이 바꿔 먹을 수 있겠네."[7] 2004년 비서동 옆에 여민1관을 지어 대통령 집무실을 만들며 불편은 크게 줄어들었다. 미국 백악관, 영국총리 집무실, 독일총리 관저처럼 웬만한 민주국

대통령 비서진이 함께 일했던 공간, 여민관.

가 수반들의 집무실은 비서진과 엎어지면 코 닿을 거리에 있다. 15미
터의 법칙이 있다. 이 거리를 벗어나면 사람과 사람 사이의 소통이 확
줄어든다는 의미다. 보지 않으면 멀어진다는 말은 진리다.[8]

   2관(1969년)과 3관(1972년)은 지은 지 오래돼 낡았다. 이명박 정부
때는 2관 천장 일부가 무너져 유리벽이 깨지기도 했다. 두 건물은
안전진단에서 재난위험시설인 D등급을 받았다. 긴급보수가 필요
하고 사용제한 여부를 결정해야 하는 상태다. 아예 새로 지어야 하
지만 번번이 국회에서 예산을 깎아 뜻을 이루지 못했다. 박근혜 대
통령 때이던 2015년 곡절 끝에 여민관 재건축 설계 용역비를 예산
에 반영하겠다고 여야가 합의했다. 하지만 청와대가 거절하는 이상

한 상황이 벌어졌다. 당시 이재만 총무비서관의 말을 한마디로 하면 이렇다. "됐거든요." 대통령과 보좌진 사이의 소통에 문제가 없다는 뜻이었다.

여민관 옆에 있는 잔디밭이 헬기장이다. 대통령이 헬기를 이용할 때는 동시에 5대가 움직인다. 3대는 청와대에 내린다. 대통령이 어디 타고 있는지는 물론 알 수 없다. 나머지 2대는 기자나 일반수행원이 타는데 백악산에서 보현봉으로 가는 능선에 있는 보토현에서 뜨고 내린다.

2011년 5월 1일 미해군 특수부대 네이비실이 빈 라덴 사살 작전을 펼 때다. 골프 치러 갔던 오바마 대통령이 일정을 접고 지하벙커 상황실에 도착했다. 합동특수작전사령부 마셜 B. 웹 준장이 상석을 양보했지만 오바마 대통령이 손을 저었다. "장군이 그냥 거기 앉아서 지휘하세요." 마셜 준장은 그 자리에서 현지에서 보내오는 실시간 영상을 보며 직접 지시를 했다. 오바마 대통령, 바이든 부통령, 힐러리 국무장관, 게이츠 국방장관 등이 그 옆에 둘러앉아 모니터를 지켜봤다.

헬기장 아래 있는 청와대 지하벙커도 백악관 지하 상황실과 같은 역할을 한다. 벙커에서 긴급회의를 하는 이명박 대통령 사진이 공개된 적이 있다. 상석은 대통령 자리였다. 청와대 벙커는 땅이 깊지 않고 시설이 시원찮아 안전하지 않다. 이를 대체하려 본관 집무실에서 바로 들어갈 수 있는 지하시설을 새로 만들다가 공사를 중단했다.

춘추관을 휘젓고 다니는 의문의 존재

춘추관(春秋館)은 출입기자들이 이용하는 공간이다. 1990년에 완공했다. 중국 사서오경의 하나인 《춘추(春秋)》에서 가져왔다. 엄정하고 비판적인 태도로 역사를 기록한다는 뜻이다. 고려, 조선 때 기록을 담당하던 기관이 춘추관(예문춘추관)이다. 1층에는 기자실과 자료실 겸 간이 브리핑룸이 있다. 2층에 대통령 기자회견과 각종 브리핑 등을 하는 브리핑룸이 있다. 1993년 5월에는 이곳에서 김영삼 대통령과 직원들이 참석한 가운데 영화 〈서편제〉 시사회를 열었다. 대통령이 사람 많은 영화관이나 시장 같은 데 가면 민폐가 되기 쉽다. 경호 문제로 주변에 불편을 주기 때문이다.[9]

300여 명이던 출입기자가 문재인 정부 들어서는 1000여 명으로 늘었다. 기자들은 주 3회 하루 3시간 이상을 근무해야 출입 자격을 유지한다. 청와대 직접 취재는 쉽지 않다. 춘추관과 경내는 분리되어 있어 출입기자라도 아무 데나 드나들지 못한다.

춘추관에 살며 어떤 제지도 받지 않고 청와대 경내를 멋대로 드나드는 예외가 있었다. 제지는커녕 환영받으며 돌아다녔다. 이름은 검은깨의 한자어인 흑임자, 까맣고 하얀 털이 섞인 고양이다. 어느 날 춘추관에 나타난 뒤 근무자들에게 애교를 떨며 친해졌다. 직원들은 집과 먹을거리를 챙겨주고 채팅방까지 만들어 흑임자를 보살폈다. 청와대를 개방하며 춘추관이 문을 닫게 되자 이놈을 어떻게 해야 하나 다들 고민에 빠졌다. 이야기를 들은 출입기자 지인이 개방

하루 전에 데려갔으니 해피엔딩이다.

기자들은 수로 홍보 라인을 통해 취재한다. 기자 섭촉을 제한해 근무자 휴대전화를 언제든 조사할 수 있다는 각서를 받은 정부도 있다.

서별관과 연풍문에 드리운 그늘

서별관은 청와대 서쪽 끝에 있는 작은 건물이다. 1997년 외환위기를 맞은 김영삼 정부 때부터 이곳에서 진행된 거시정책협의회를 흔히 '서별관 회의'라고 불렀다. 경제부총리, 청와대 경제수석, 한국은행 총재, 금융위원장 등이 참석했다. 중요 정책들을 결정하는 회의였지만 법적 근거가 없는 비공식 회의라 남은 기록도 없다. 밀실회의라고 눈총을 받은 이유다. 김영삼 정부의 경제 관련법 개정, 김대중 정부의 구조조정 대책, 노무현 정부의 한미자유무역협정(FTA), 이명박 정부의 미국발 금융위기 대응, 박근혜 정부의 대우조선해양 지원 같은 굵직한 정책이 여기서 확정됐다. 세월호 참사 때는 특별조사위의 규모와 예산을 줄이는 회의를 여기서 한 것으로 알려져 논란이 됐다. 2019년 리모델링을 거쳐 오픈회의 공간으로 재탄생했지만 그 뒤로는 거의 쓰지 않았다.

이와 비슷한 공간이 또 하나 있다. 여민관 앞에 있는 연풍문이다. 문(門)이라는 이름이 붙었지만 지상 2층 지하 1층짜리로 청와대 직원 면회실이다. 이명박 정부 때인 2009년 2월 북악 안내실을 헐고 지었다. 방문객 안내실, 회의실, 휴게실, 북카페가 있다. 직원들은 업무에 관련한 외부인을 여기서 만난다. 불미스러운 일을 막으려고 밖에서 만나지 못하도록 하는 규정 때문이다. 연풍문에서 갖가지 모임이 많이 열리는 이유다. 종종 의혹이 터지기도 했다. 여기서 열린 'K타워 프로젝트' 회의에 최순실 미르재단 관계자가 참석해 문제가 됐다. 대기업 임원들을 불러 동기가 불순한 기금 출연을 강요하고, 부처 정책 보좌관들이 매주 모여 하던 수상한 회의가 드러나기도 했다.

익산에서 가져온 13미터짜리 화강암 기둥

영빈관은 외국에서 온 귀빈을 맞는 공식 행사장이다. 수용인원 250명 정도 되는 대규모 회의 및 연회 장소다. 2층에도 1층과 똑같은 홀이 있다. 1층은 접견장으로, 2층은 만찬장으로 썼다. 유희준 한양대 건축공학과 교수가 태국 왕궁, 프랑스, 영국을 둘러보고 와서 설계를 했다. 외부는 경회루 풍인데 내부는 중세 프랑스식이다. 건물 바깥을 30개의 대형 돌기둥이 떠받치고 있다. 2층까지 뻗어 있는 앞쪽 돌기둥 4개는 높이 13미터에 둘레가 3미터다. 돌을 통째로 깎아 이음새가 없는데 하나가 무게 60톤이다. 화강암 원석을 전북 익산시 황등면에서 실어 왔다. 내부 벽면에는 무궁화, 태극모양

영빈관 앞 2층까지 쭉 뻗은 기둥은 하나의 통돌이다. 익산에서 가져온 화강암으로 만들었다.

꽃잎, 단청을 양각했다. 건물에 갖가지 양식이 섞여 뭐라고 특정할 수 없는 형태가 됐다. 이명박 사장 시절 현대건설이 시공을 맡았다. 1978년 완공 뒤 첫 공식행사는 박정희 9대 대통령 취임 축하연회였다.[10] 이를 계기로 현대건설은 이명박 회장 때 본관과 춘추관 공사도 맡았다.

광복 뒤 1950년대까지만 해도 외국에서 국빈 손님이 오면 묵을 수 있는 장소가 많지 않았다. 반도호텔, 조선호텔, 한국의집 정도였다. 1959년 이승만 대통령은 장충동에 외국 귀빈을 위한 영빈관 건립을 지시했다. 공사가 늦어져 완공은 박정희 대통령 때인 1967년 2월에 했다. 첫 손님은 서독 륍케 대통령이었다. 하지만 얼마 안 돼 경영난에 빠져 1973년 주식회사 임페리얼(호텔신라 전신)에 28억 원에 넘어갔다.[11]

나라의 규모가 커질수록 국빈 접대와 대형 행사도 늘어났다. 제대로 된 영빈관이 필요했다. 마땅한 공간을 찾다가 대통령 집무실과 가까운 경농재 터를 낙점했다. 경농재는 1893년 고종이 신하들과 농사를 체험하며 풍흉을 살필 목적으로 조성했다. 그 앞에 조선 팔도를 상징하는 논 팔도배미가 있었다. 여기에 경기도, 강원도, 충청도, 전라도, 경상도, 황해도, 평안도, 함경도에서 올라온 곡식 종자를 심고 가꾸었다. 영빈관 앞 광장을 좌우 8개 구역으로 나누고 '팔도배미 터'라고 부르는 이유다. 일제강점기에 경농재 일대가 헐리고 일본인 관사들이 들어섰다. 4.19혁명 얼마 뒤인 1960년 4월 28일, 남아 있던 관사 중 하나인 36호에서 이기붕 부통령 가족 넷이 목숨을 끊은 비극의 장소이기도 하다. 주변에 민가 몇 채가 있었는데 새 영빈관을 지을 때 매입해 터를 넓혔다.[12]

경내에 영빈관이 들어서며 대통령 경호는 그만큼 시름을 덜었다. 영빈관은 갖가지 에피소드를 낳았다. 전두환 정부 시절인 1983년 1월, 제2차 세계대전 뒤 일본총리로는 처음으로 나카소네 야스히로가 방한했다. 만찬 연회에서 한 잔 하고 기분이 좋아진 그는 〈노란샤쓰의 사나이〉를 한국어로 불렀다. 전두환 대통령은 일본 노래 〈임의 모습을 그리워하며(影を慕いて)〉를 답가로 불렀다. 물론 각본에 있던 내용이었다.

팁 하나, 대통령들의 애창곡은 이렇다. 이승만 대통령 〈타향살이〉 〈희망가〉, 윤보선 대통령 〈유정천리〉, 박정희 대통령 〈황성옛터〉 〈짝사랑〉, 전두환 대통령 〈방랑시인 김삿갓〉 〈38선의 봄〉, 노태우 대통령 〈베사메 무초〉, 김영삼 대통령 〈아침이슬〉 〈선구자〉, 김대중 대통령 〈목포의 눈물〉 〈그리운 금강산〉, 노무현 대통령 〈상록수〉 〈임을 위한 행진곡〉 〈부산갈매기〉, 이명박 대통령 〈사랑이여〉 〈만남〉, 박근혜 대통령 〈천생연분〉 〈빙고〉, 문재인 대통령 〈꿈꾸는 백마강〉, 윤석열 〈그런 사람 또 없습니다〉. 즐겨 부르는 노래에는 그 사람이 담겨 있다.

새로 지었지만 청와대 영빈관은 반쪽짜리였다. 딸린 숙소가 없어 외국 정상들은 행사를 마친 뒤 다시 호텔로 이동해야 했기 때문이다. 베이징 댜오위타이(釣魚臺, 조어대), 도쿄 아카사카 이궁(迎賓館赤坂離宮), 워싱턴 블레어 하우스(Blair House) 등은 숙소까지 갖추고 있다. 청와대를 떠난 윤석열 정부는 취임식 만찬을 신라호텔에서 열었다.

왕비가 되지 못한 왕의 어머니들

청와대 서별관 뒤쪽에 칠궁이 있다. 조선 시대, 왕을 낳았지만 왕비에 오르지 못한 후궁 7인의 위패가 있는 사당이다. 족보가 복잡하지만 궁의 주인은 다음과 같다. 육상궁(毓祥宮: 숙종의 후궁이자 영조의

후궁 7인의 위패를 모신 사당인 칠궁. 청와대 서쪽에 있다. 출입문도 다르다.

생모인 숙빈 최씨), 저경궁(儲慶宮: 선조의 후궁 인빈 김씨. 추존왕 원종의 생모), 대빈궁(大嬪宮: 숙종의 후궁 희빈 장씨. 경종의 생모), 연호궁(延祜宮: 영조의 후궁 정빈 이씨. 추존왕 효장세자 진종의 생모), 선희궁(宣禧宮: 영조의 후궁 영빈 이씨. 추존왕 사도세자 장조의 생모), 경우궁(景祐宮: 정조의 후궁 수빈 박씨. 순조의 생모), 덕안궁(德安宮: 고종의 후궁 엄씨. 영친왕의 생모).

한국은행 자리에 있던 저경궁, 현대 계동빌딩 자리에 있던 경우궁처럼 여기저기 흩어져 있던 건물들을 1908년 일제가 지금 자리로 모았다. 이들이 차지하고 있는 너른 땅을 차지하려는 속셈이었다. 1929년에 덕안궁까지 옮기며 칠궁이라는 이름으로 불렸다. 1968년 1.21사태 뒤 출입이 금지되다가 2001년 11월 24일부터 청와대 특별 관람객에게 제한 공개를 시작했다. 2008년 6월부터는 일반인에게 개방했다.

전두환 골프연습장, 박정희 기마로

본관과 관저 뒤쪽에는 산책로 2개가 있다. 담장에 붙은 성곽로는 외곽순환로인 셈이다. 약 1.5킬로미터로 한 바퀴 도는데 40분 정도 걸린다. 길 끝에 쉼터인 백악정이 있다. 노무현 대통령이 탄핵 심판 때 시름을 달래고, 이명박 대통령이 광화문에서 벌어진 미국 쇠고기 수입반대 촛불집회를 본 장소다. 청와대를 둘러싼 담장에서 고도가 가장 높다. 서울 사대문 안은 물론 아차산, 남산, 관악산까지 보인다. 청와대에는 백악산에서 따온 이름이 셋 있다. 백악실, 백악정, 백악교다. 본관 2층에 있는 백악실은 귀한 손님에게 식사를 대접하는 공간이다. 백악교는 녹지원 개울에 있는 다리 중 가장 품격 있다.

　성곽로 안쪽 경내에는 기마로가 있다. 진짜 '말 타고 다니는 길'이라는 뜻이다. 온실 뒤에서 출발해 관저 뒤를 거쳐 본관 옆으로 내려오는 길로 일종의 청와대 내부순환로다. 가끔씩 경내에서 말을 타던 박정희 대통령이 이 길을 오르내려 붙은 이름일 터다. 걸으며 청와대 경내의 지형을 속속들이 볼 수 있다.

　춘추관 쪽에서 백악정으로 오르는 성곽로 중간쯤에 55경비대대 진지가 있었다. 청와대를 개방하며 일대에 있던 발칸포도 철거했다. 좀 더 가면 전두환 대통령이 골프연습을 하던 정자 터가 있다. 여기서 여기저기로 공을 날린 뒤 경비부대에 회수 경쟁을 붙였다. 1등을 한 중대는 포상휴가를 줬으니 병사들이 불만은커녕 오히려 좋아했단다. 자연스레 주변을 수색정찰하고 근무 사기를 높이는 일타쌍피의 목적이 있었던 셈이다. 휴가 욕심에 미리 구해놓은 공을 슬쩍 섞은 병사는 없었을까. 그러다가 회수율 100퍼센트가 넘으면 경을 치겠지만. 김영삼 정부가 들어서며 골프연습장은 없어졌다. 성곽로는 나무가 밀림처럼 우거져 통행이 어려울 정도였다. 노무현 정부 때 이를 처음 간벌했다. 수형이 훌륭한 나무가 많아 작업자들이 아까워했다.

청와대 곳곳에 있는 문은 모두 같은 모양이다. 일본 양식이라는 논란이 일었다.

정문 양식을 둘러싼 논란

청와대 정문은 아무 때나 열지 않았다. 대통령, 외국 정상, 국무위원 등 극히 일부만이 드나들 수 있다. 직원들은 주로 주차장이 딸린 서쪽 시화문을 이용한다. 셔틀버스로 출퇴근하는 직원들과 외부 방문객은 연풍문으로 드나든다.

한때 정문이 일본식이라는 논란이 일었다. 돌기둥 위에 있는 석

등 때문이다. 정문만이 아니라 경내의 문들은 다 같은 모양이다. 일본 근대 건축물의 출입문과 비슷한 양식은 맞다. 지금의 정문은 총독 관저 시절의 정문과 형태가 비슷하다. 한반도 수탈 총본부였던 조선총독부 정문도 마찬가지였다. 정문 건립 당시에 흔하던 양식이라는 주장도 있었지만 묻혔다. 이 같은 유형의 석등은 청와대만이 아니라 곳곳에 있었다. 논란이 일자 2012년 문화재청은 돈화문(창덕궁 정문) 옆에 있던 석등을 철거했다. 경복궁역 5번 출구에 있던 석등 6개도 사라졌다.

식민 트라우마를 자극하면 여론이 쉽게 달아오른다. 당장은 속 시원하지만 개운치는 않다. 문화는 주고받으면서 발전한다. 일본 문화도 중국과 한국을 통해, 또는 서구에서 수입한 문화에 바탕하고 있다. 어디서 어디까지가 전통 양식인지도 아리송하다. 그래서일까. 옛 본관과 총독부청사를 철거한 김영삼 정부도 청와대 정문까지 건들지는 않았다.

마지막에 열린 경복궁 북문

경복궁 북문인 신무문은 청와대 본관과 일직선 위에 있다. 이 축은 광화문과 근정전을 잇는 경복궁 중심축에서 서쪽으로 살짝 틀어져 있다. 백악산에서 경복궁으로 내려오는 능선과 그 옆을 흘러 향원정으로 들어가는 물길을 피해서 문을 냈기 때문이다.

중국의 읍성은 대개 북문 밖이 저잣거리다. 유교 개념으로 보면 청와대는 시장터인데 문 밖에 백악산이 버티고 서 있어 시장이 들어서지 못했다. 신무문은 세종 때 경복궁 사대문 중 마지막으로 건립했다. 동쪽 건춘문과 함께 고종 때 경복궁을 중건할 때 모습을 간직하고 있다. 서쪽 영추문은 1975년에 철근콘크리트로 지었다. 건립 연대로 보면 2010년에 복원한 광화문이 막내다. 1954년 경복궁과 함께 개방했으나, 1961년 5.16쿠데타 뒤 군 병력이 경복궁 안에 주둔하면서 일반인 출입을 금지했다. 2006년 9월 29일 노무현 대통령 때 집옥재 권역과 함께 다시 문을 열었다. 신무문을 마지막으로 경복궁은 전역이 공개됐다.

이명박 대통령 때는 대학생 시위장소가 되기도 했다. 개방한 지 얼마 되지 않아 사람들이 신무문을 잘 이용하지 않을 때였다. 경복궁에 입장료를 내고 들어가 신무문으로 나가는 척하며 뛰어올라가 현수막을 내걸고 유인물을 뿌리며 구호를 외쳤다. 경복궁 관리소장이 제일 먼저 혼비백산해 뛰어나왔단다. 본관에서 바로 내려다보이는 장소이니 '아, 뜨거워라' 싶었을 테다. 청와대와 가장 가까운 데서 벌어진 시위였다.

3장
나무와 풀의
천국

모가지를 떼러 왔수다

백악산 능선에는 사연을 품은 나무가 한 그루 있다. 청운대 전망
대와 백악마루 사이에 있는 소나무다. 앞뒤로 펼쳐지는 풍경에 정신
을 팔거나, 땅을 보고 걷다 보면 그냥 지나치기 십상이다. 나무 몸통
곳곳에는 구멍이 나 있다. 이를 메우고 그 위에 둥근 모양으로 하얗
고 빨갛게 칠했다. 딱 사격 표적 모양이다. 나무 옆에 있는 팻말에는
이렇게 쓰여 있다.

1.21사태 소나무
1968년 1월 21일 북한 124군부대 소속의 김신조 등 31명의 무장공비

총알 자국이 선명한 백악산 능선의 1.21사태 소나무. (사진 출처: 변선구)

들은 청와대 습격을 목적으로 침투하여, 현 청운실버센터(청운동) 앞에서 경찰과 교전 후 북악산 및 인왕산 지역으로 도주하였다. 당시 우리 군·경과 치열한 교전 중 현 소나무에 15발의 총탄 흔적이 남게 되었고, 이후 이 소나무를 1.21사태 소나무라 부르고 있다.

무장공비 일당은 당시 청와대 및 주변시설을 완벽하게 숙지하고 침투해 아군복장과 민간복 착용, 취객으로 위장하는 등 치밀하고 철저하게 준비하여 도발을 자행하였다.

1월 21일 교전 후 14일간 작전 결과 침투한 31명 중 28명 사살, 2명 도주, 1명을 생포(김신조)하는 전과를 올렸다. 이 사건을 계기로 향토예비군(68.4.1)이 창설되었다.

국군으로 위장한 공비들은 군사분계선을 넘어 임진강~파주 법원리~앵무봉~노고산 능선을 타고 40여 시간 만에 비봉까지 왔다. 직선거리로만 50킬로미터가 넘는데 구불구불하고 험준한 산길을 따라왔으니 실제 거리는 두 배가 넘을 터였다. 첫날은 시간당 10킬로미터, 둘째 날은 40분에 4킬로미터를 이동했다. 그것도 낮에는 쉬고 밤에만 걸었으니 경악할 속도였다. 자하문 경찰 초소 근무자가 졸기라도 했다면 이들은 단숨에 목표물을 덮쳤을 터였다. 전원 장교들로 구성된 31명은 각각 기관단총과 실탄 300발씩, 권총, 단도, 대전차지뢰 1발, 수류탄 8발로 무장하고 있었다. 식량은 오징어와 미숫가루였다.

계획은 치밀했다. 6개 조로 나눠, 밤 8시에 행동 개시, 1개 조는 대통령이 있는 2층에 침투해 기관단총과 수류탄으로 무차별 살상, 나머지 조는 주변 처치와 차량 탈취, 소요 시간은 3~4분, 임무를 마친 뒤 문산 방면으로 도주해 강을 건너 당일 복귀였다. 습격이 실패한 이틀 뒤 북한은 원산 앞바다 공해상에서 미 해군 정보수집함 푸에블로호까지 납치했다. 당장 전쟁이 일어나도 이상하지 않은 상황이었다. 생포된 뒤 합동 인터뷰장에 나온 27세 김신조 124군부대 소위의 말은 서늘했다. 침투 임무가 뭐냐고 묻자 거침없이 명확하게 대답했다.

"박정희의 XXX를 떼고 수하간부들을 총살하는 것입니다."[13]

우리가 익히 들어온 "박정희 모가지를 떼러 왔수다"는 센 버전이다. 극적 효과를 높이려 뻥튀기한 말로 보인다.

철통 경계가 낳은 아이러니

1.21사태는 예비군 육군3사관학교 전투경찰대를 만들고, 고등학교와 대학교에서 교련 교육을 실시하는 계기가 됐다. 결국에는 실미도 비극까지 불렀다. 청와대 습격사건이 일어나자 김형욱 중앙정보부장은 석 달 뒤 684특수부대 창설을 지시했다. 김신조부대와 똑같은 31명이었다. 북한에 침투해 김일성을 암살할 인간병기 양성이 목적이었다. 인천 앞바다 무의도에 딸린 실미도가 훈련장이었다. 이듬해 10월, 훈련을 마치고 백령도에서 북한에 잠입하려던 작전이 직전

에 취소됐다. 중앙정보부장이 바뀌고 뒤이어 남북화해 분위기가 조성됐다. 부대 사기는 뚝 떨어졌다. 가혹한 훈련 도중에 7명이 사망하고 급식을 비롯한 대우는 형편없어졌다. 기약 없는 방치 상태가 이어지자 반란이 일어났다. 1971년 8월 교관 등 18명을 살해하고(현장에서 부대원 1명도 사망) 무장 탈영한 23명은 인천시내버스를 탈취해 서울로 향했다. 영등포 대방동에서 군경과 총격전을 벌이다 대부분이 수류탄으로 목숨을 끊었다.[14]

나무에 박힌 총탄 자국은 공비들이 백악산 능선을 타고 튀었음을 말해준다. 팻말에는 2명이 도주했다고 적혀 있지만 김신조는 1명이라고 증언한다. 대통령 경호처 홈페이지에는 3명으로 적혀 있다. 북한으로 돌아가 대장까지 승진해 총정치국 부총국장에 오른 박재경이 다시 청와대에 온 적이 있다. 2000년 9월 김정일 국방위원장의 특사로 온 김용순 당중앙위 비서와 함께였다. 가지고 온 송이버섯을 김대중 대통령에게 전달한 인물이다.[15, 16]

1.21사태 당시 청와대를 경호하는 수도경비사령부 30대대장은 전두환이었다. 그 뒤 인왕산과 백악산, 청와대 일대는 절대 보안공간이 돼 철통 경계 시설을 갖추게 됐다. 길 아닌 곳은 갈 수 없고, 허용된 길이라도 출입 시간이 정해져 있었으니 도심의 비무장지대와 다를 바 없었다. 덕분에 백악산 일대가 망가지지 않고 보존됐으니 역사의 아이러니다.

관저를 둘러싼 낙우송

총 맞은 나무는 100살쯤 되어 보인다. 백악산에서 이 정도면 청년이다. 그만큼 나이 든 나무들이 많다. 철조망이 백악산 식생을 철저하게 엄호했다면 정원사들은 경내 풀과 나무들을 극진하게 보호했다. 덕분에 청와대 경내는 창덕궁 후원 못잖은 명품 정원이 됐다.

역대 대통령들은 대개 가는 곳마다 나무를 심었다. 4월 5일을 식목일로 정한 계기는 1910년 4월 5일에 열린 순종의 친경제(親耕祭)다. 임금이 손수 나무를 심고 밭을 갈던 날이다. 1949년부터 2005년까지는 공휴일이었다. 대한민국 정부가 들어서며 청와대, 장충단 공원, 어린이대공원, 국립수목원, 독립기념관, 남산 등은 대통령이 나무 심는 단골 장소가 됐다. 나무를 심으며 남긴 메시지도 갖가지다.

"나무를 아낄 줄 모르는 사람은 애국을 논할 자격이 없다."

- 1972년 박정희 대통령

"심는 것도 중요하지만 큰 나무로 키우는 것이 더 중요하다."

- 1980년 전두환 대통령

"가구마다 나라꽃 무궁화 한 그루를 심자."

- 1992년 노태우 대통령

"심고 보호하는 데 그치지 말고 21세기 산림경영모델을 만들자." - 1994년 김영삼 대통령

"산림의 녹화와 경제적 활용을 병행하자."
- 2000년 김대중 대통령

"식목일을 맞아 북악산 전면 개방을 추진하겠다."
- 2007년 노무현 대통령

2008년 이명박 대통령은 63년 만에 처음으로 남북한 공동으로 식목행사를 했다. 2015년 박근혜 대통령은 녹지원 옆에 무궁화 3그루를 심었다. 아버지 박정희 대통령 때부터였으니 경내 기념식수 중에는 부녀가 심은 나무가 가장 많다.

풀과 나무는 청와대 관람의 큰 재미 중 하나다. 박상진 경북대 명예교수에 따르면 208종 53과 108속 5만 5000여 그루가 자란다. 나무만 보고 다녀도 한나절이 후딱 간다. 웬만한 나무들은 각자의 사연을 담고 있지만 그래도 빼놓을 수 없는 넷이 있다.

1번은 옛 본관(수궁터)에 있는 주목이다. 744세(2022년 기준) 잡수신 할아버지로 경내에서 최고 어른이다. 무려 고려 충렬왕 때다. 몽골족 원나라가 남송을 무너뜨리고 이민족으로는 처음 중국 대륙을 제패한 시기다. 주목은 살아 1000년, 죽어 1000년, 썩어 1000년, 합해 3000년을 산다는 나무다. 정말 그렇다면 아직 청년인데 실제는 줄

기 일부만이 살아 있을 뿐이다. 그래도 봄마다 잎을 내고 가지가 자라 꿋꿋한 삶을 이어가고 있다. 물론 청와대 밖에는 주목보다 훨씬 왕할아버지 나무도 있다. 울릉도 도동의 바닷가 절벽에 서 있는 향나무다. 나이 2000살 이상으로 보는데 산림청에서는 이 땅에서 가장 오랜 나무로 추정한다.

2번은 녹지원을 상징하는 반송이다. 널따란 잔디밭에 서 있어 존재감이 두드러진다. 170세 이상이고 높이 15미터, 너비 15미터가 넘는다. 부챗살처럼 균형이 반듯하게 잡혀 있다. 반송 옆에는 적송이 시원하게 뻗어 있다. 4그루로 보이지만 2그루는 뿌리를 같이하는 한 몸이란다. 반송과 적송은 상춘재 앞을 자연스레 가려주는 수문장 구실을 한다.

3번은 녹지원 개울 옆에 서 있는 회화나무다. 잔디마당을 둘러싸고 있는 우람한 나무들 중에서도 단연 돋보인다. 250세가 넘었다. 밑 둥지 옆에 있는 의자에 앉아 사진을 찍으면 그대로 작품이 된다.

4번은 연풍문 왼쪽 작은 공원 버들마당에 서 있는 용버들이다. 중국에서 용(龍), 즉 황제를 상징해 황가의 정원에 주로 심던 나무다. 경내에서 이 나무의 위치를 아는 이들은 많지 않다. 관람객들이 많이 다니는 길에서 비껴나 있기 때문이다. 높이 22미터로 이 땅에서 가장 장대한 버들로 추정한다. 버들은 웬만큼 자라면 속이 썩어 얼마 살지 못한다. 하지만 이 용버들은 100살이 넘어 보이는데도 여전히 당당하게 자란다.

버들이 있는 곳은 습하거나 물이 흐른다. 실제로 용버들 주변도

옛 본관터(수궁터)에 있는 주목. 고려와 조선왕조의 흥망까지 지켜봤다.

녹지원 개울가 명물 중 하나인 천연기념물 회화나무. 사진 명소다.

항상 축축했다. 녹지원을 지나온 개울이 바로 앞 땅속으로 흐르기 때문이다. 어느 날 지나가던 이명박 대통령이 한마디 했다. "여기 공원 만들면 되겠네." 건설업계 출신의 감으로 땅의 내력을 딱 알아본 셈이다. 버들마당이 생긴 연유다.

크고 오래된 나무들은 대개 녹지원 개울 주변에 모여 있다. 세월이 흐르며 경내 지형이 많이 달라졌지만 녹지원 일대 숲은 300여 년 넘게 제 모습을 유지해온 덕이다. 청와대를 개방하고 나서 일대에 있는 나무 6그루가 천연기념물이 됐다. 반송, 회화나무 3그루, 용버들, 상춘재 앞 말채나무다. 말채나무는 옛 사람들이 말을 다루는 채찍으로 쓰기도 해서 붙은 이름이다. 용버들과 말채나무가 천연기념물로 지정되기는 처음이다. 놀랍게도 최고 왕고참인 수궁터 주목이 빠졌다. 이유가 있다. 1993년 옛 본관을 철거한 자리를 북돋워 정원을 만들 때였다. 동대문 역사를 공사할 때 나온 흙을 가져다 덮었다. 허리까지 묻히면 나무가 죽으니 주목의 뿌리를 자르고 들어 올려 다시 심었다. 문제는 본래 주목이 있던 자리가 기록으로 남아 있지 않다는 점이다. 그래서 결국 천연기물 지정에서 빠졌다. 천연기념물이 되고도 남는 나무인데 아쉬운 일이다.

정문을 통해 본관으로 가다 보면 대정원 양편에 훤칠한 금강송 무리가 있다. 춘양목으로 흔히 알려져 있다. 고향이 강원도다. 영동 고속도로 원주~강릉 구간을 공사할 때 산을 깎아내는 현장에 있던 10그루를 옮겨다 심었다. 관저 남쪽 담장 너머, 관저와 침류각 사이

경내 최고 풍경을 자랑하는 녹지원 숲. 일대 식생은 큰 훼손 없이 300년 넘게 이어져 왔다. 이 물길은 경복궁을 거쳐 청계천으로 흘러 들어간다. 물길 양옆에 천연기념물 나무 6그루가 있다.

에는 위로 쭉쭉 뻗은 낙우송이 줄지어 서 있다. 멀리서 보면 관저를 둘러싸고 있는 호위무사 모양이다. 광화문 쪽과 삼청동 쪽에서 관저가 보이지 않도록 심은 경호용 조경으로 보인다.

나무를 보면 대통령이 보인다

대통령이 심은 나무들을 찾아보는 재미도 쏠쏠하다. 느티나무, 독일가문비, 백송, 소나무, 동백, 산딸나무, 잣나무, 무궁화, 이팝나무, 은행나무, 미선나무…. 대통령 자신이 좋아해서 고른 나무가 있고 추천을 받아 심은 나무도 있다.

영빈관 동쪽 담장 아래에 풍성하게 자란 가이즈카 향나무가 있다. 1978년 12월 23일 박정희 대통령이 심었다. 봄도 가을도 아닌, 땅이 언 한겨울에 심은 이유가 궁금하다. 영빈관을 준공한 날이었으니 이를 기념하기 위한 식수로 보인다. 1918년생 말띠로 100살이 넘었으니 연세도 자실 만큼 자셨다. 박정희 대통령이 이전에 심은 나무가 있었는지 남은 표지석으로는 알 수 없다. 이 나무의 고향은 일본 오사카 남부 가이즈카 지방이다. 초대 조선 통감 이토 히로부미가 1909년 대구 달성공원에 심은 나무가 한반도에서는 1호로 알려져 있다. 문화재청은 이 나무를 사적지 부적합 수종으로 결정한 바 있다. 국립서울현충원에 있던 나무들은 대부분 국내 수종으로 바꿨다. 국가기록원 부산기록관 화단에 있던 나무는 바깥으로 옮겨 심었다.

①
②
③
④

① 박정희 대통령 가이즈카 향나무
② 김대중 대통령 무궁화
③ 노태우 대통령 구상나무
④ 문재인 대통령 동백나무

박정희 정부 시절 문화재 성역 사업을 하며 곳곳에 심은 금송에
도 일제 잔재 딱지가 붙었다. 일본 왕실을 상징한다는 이유다. 현충
사와 도산서원에 있던 금송은 결국 이사를 했다. 한일 교류사를 보면
금송은 고대부터 등장한다. 백제 무령왕릉에서 나온 목관의 재질을
분석하니 일본 금송과 같았다. 풀과 나무는 그냥 있을 뿐인데 사람들
은 거기에 의미와 상징을 부여해 심고 뽑아낸다. 회화나무의 영어 명
칭은 'Chinese scholar tree'이고, 흔하게 보는 노란 민들레는 대부
분 서양 품종이다. 세계에서 크리스마스 트리용으로 가장 많이 쓰이
는 구상나무는 제주도가 고향이다. 서울 북한산에서 자라던 둥근잎
정향나무는 미국으로 건너가 인기 만점인 미스킴라일락이 됐다.

영빈관 앞 화단에 있는 무궁화는 2000년 제1차 남북정상회담
을 기념해 김대중 대통령이 심었다. 본관 동쪽에 있는 1960년생 쥐
띠 구상나무는 1988년에 노태우 대통령이 심었다.

녹지원과 상춘재 일대는 단골 식수 장소다. 대통령 나무 중 막
내는 2022년 식목일에 문재인 대통령이 녹지원에 심은 모감주나
무다. 19대 대통령 숫자와 같은 19년 된 나무를 골라 심었다. 전두
환 대통령은 1983년 상춘재 뜰에 백송을 심었다. 재임 기간이 짧았
던 최규하 대통령 나무도 있다. 헬기장 옆에 있는 1944년생 독일가
문비나무인데 1980년에 심었다. 옛 본관터(수궁터)에는 단풍나무 종
류의 하나인 복자기가 있다. 1980년생 원숭이띠인데 1996년에 김
영삼 대통령이 심었다. 육영수 여사는 이팝나무의 하얀 꽃을 좋아했

① ② ③ ④

① 상춘재 전두환 대통령 백송
② 헬기장 앞 최규하 대통령 독일가문비나무
③ 수궁터 김영삼 대통령 복자기
④ 소정원 박근혜 대통령 이팝나무

다. 박근혜 대통령은 소정원에 이팝나무를 심으며 어머니를 생각하지 않았을까.

성곽로 꼭대기 백악정 옆에는 김대중 대통령 느티나무와 노무현 대통령 서어나무가 있다. 노무현 대통령도 느티나무를 좋아했지만 '존중과 배려'의 의미로 보다 세력이 작고 서로 어울리는 수종을 택해 심었단다. 주위에 이명박 대통령 산딸나무와 문재인 대통령 은행나무도 있다.

나무 심은 위치를 보면 대통령의 성격이 슬쩍 드러난다. 대개 정원 가장자리에 심는데 소정원 박근혜 대통령 이팝나무, 수궁터 김영삼 대통령 복자기는 복판에 서 있다.

12명의 대통령 중 11명이 심은 나무 20종 33그루가 남아 있다. 윤보선 대통령 이름이 붙은 나무는 없다. 당시 청와대는 지금보다 영역이 작았고, 식목이 우선순위에서 밀렸을 수 있겠다. 정문 길 양옆에 잘생긴 반송이 11그루씩 서 있다. 이승만 대통령 시절에 심었다.

대통령이 심는 나무는 자신이 고르는 경우가 있고 조경 담당이 추천하는 경우도 있다. 그런데 대통령이 심은 나무 리스트가 정확하지 않다. 정권이 오가는 과정에서 기록이 일관되게 유지되지 않았다는 얘기다. 전두환 대통령이 상춘재와 침류각에 각각 한 그루씩 심은 계수나무는 기록은 있지만 표지석이 없다. 대통령 나무가 죽으면 비슷하게 생긴 나무를 구해다 심기도 했다. 무궁화동산 입구 김대중 구상나무가 그 하나다. 대통령이 원하는 나무라고 전국 수목원을 다 수소문해서 구한 나무였다. 한라산 꼭대기에서 자라는 수종을 서울 한복판에 심었으니 탈이 날 수밖에. 다시 심었지만 이마저도 키 큰 소나무들 사이에 있어 선 자리에 그늘이 진다. 무궁화동산을 만들며 김영삼 대통령이 심은 무궁화도 보이지 않는다. 수궁터에 있던 전두환 대통령 백송과 김영삼 대통령 백송도 보이지 않는다.

대통령 부인들 취향도 한몫한다. 김윤옥 여사는 야생화를 좋아해 경내에 노루귀와 변산바람꽃 등을 많이 심었다. 정권이 바뀌고 관리가 소홀해도 꽃들은 스스로 씨를 맺고 날려 번식을 한다. 덕분에 청와대는 서울 시내에서 변산바람꽃을 볼 수 있는 유일한 장소가 됐다. 김정숙 여사는 팥꽃나무를 좋아했다.

문화재청은 청와대 개방 뒤 대통령 나무 24그루와 할아버지 나무 76그루 관리에 나섰다. 할아버지 나무 중에는 반송이 55그루로 가장 많다.[17]

4장
베일 벗은
문화유산

호기심 많은 엉뚱한 사람들

개방 전에는 청와대와 백악산 일대에 흩어져 있는 문화유산이 제대로 알려지지 않았다. 드문드문 이야기가 흘러나왔지만 워낙 비밀이 많은 동네라 사실 확인이 쉽지 않았다. 엉뚱한 사람들이 이를 일목요연하게 정리했다. 2007년 노무현 대통령 시절의 경호실이었다. 직원 몇이 만든 역사문화유산 연구 동아리에서 자료를 수집하고 현장을 다니며 공부했다. 이렇게 나온 책이 《청와대와 주변 역사·문화유산》이다. 내용이 치밀하고 충실하다. 보안 문제로 일반인은 접근할 수 없는 성역을 보안 담당자들이 공개했으니 이 또한 아이러니다. 당시 유홍준 문화재청장은 추천사에서 이렇게 밝혔다.

"청와대 내부와 인근의 문화유산을 새롭게 발굴하여 상세히 소개하고 있어, 이는 단순히 호사가적인 관심의 충족이 아니라 그간 잊혀져왔던 이 땅의 역사와 내력을 정확하고 상세하게 소개한 본격적인 문화유산 저술이라는 점에서 놀라움과 고마움을 동시에 느끼게 합니다."[18]

그렇다면 청와대 일대에는 어떤 문화유산이 있을까.

천하제일복지 바위의 비밀

관저 뒤에는 묘한 바위가 하나 있다. 폭 250센티미터, 높이 120센티미터쯤 되는데 평평한 앞면에 '天下第一福地(천하제일복지)'라는 글자가 새겨져 있다. 1989년 노태우 정부 시절 지금의 대통령 관저를 짓다가 우연히 발견했다는 기사가 많다. 사실 확인을 하지 않고 같은 보도자료를 베껴 쓴 기사들이다. 실제는 다르다. 청와대를 경비하던 근무자들은 이 바위의 존재를 전부터 알고 있었다. 입을 다물고 있었을 뿐이다. 큼직한 바위에 '어딜 가도 이만한 땅이 없다'는 뜻의 글자가 새겨져 있으니 소설 같은 얘기들이 따라붙었다. 대개 제 논에 물대기식 해석이다. 청와대 자리가 예부터 명당이라는 증거라는 말이 그 대표다.

글자를 새긴 시기는 그리 오래돼 보이지 않는다. 금석학자 임창순은 표석 왼편에 있는 글자 연릉오거(延陵吳琚)에 주목했다. 오거는

천하제일복지 글자가 새겨진 바위. 관저 뒤, 미남불 아래 있다. (사진 출처: 대통령 경호처)

12세기 중국 남송 연릉 출신의 서예가다. 강소성 북고산 감로사에 붙어 있는 그의 글씨 '天下第一江山(천하제일강산)'을 누군가가 탁본해서 청와대 바위에 새겼으리라 추정했다. 글자를 새긴 시기는 빨라야 1850년 전후로 본다. 화강암은 다른 돌보다 비바람에 약한데 글자의 풍화가 크게 진행되지 않았다는 것이다.[19]

임진왜란 때 불탄 경복궁은 이때까지 폐허 상태로 방치돼 있었다. 1865년에 경복궁 중건을 시작했으니 이를 위한 명분 쌓기용으로 새기지는 않았을까. 대역사의 성공을 기원하거나, 여론을 조성하려는 목적일 수도 있겠다. 중건 뒤 임금의 쉼터를 만들며 진상용으로 새겼을 수도 있다.

수궁터 안내판에는 이렇게 쓰여 있다. "삼각산의 정기를 이어받아 북악을 거쳐 경복궁 쪽으로 길게 뻗어 내린 이곳은 일찍이 명당으로 알려져 고려 숙종 9년 1104년 왕실의 이궁이 자리 잡았던 곳이다…."

어쨌거나 뒤늦게 바위에 새긴 글자를 청와대 길지설의 근거로 삼는 주장은 군색하다.

바위 아래는 물이 솟는 샘터가 있었다. 천하제일복지천이다. 왕이 먹던 물인 어정(御井)이니 족보가 있는 샘이다. 창덕궁 시절 왕들은 대조전 후정의 우물을 먹었다. 대조전에 목욕실을 새로 지으면서 문제가 생겼다. 길어 올리던 물이 탁해지고 물맛이 예전만 못하게 됐다. 이를 대신해 경복궁 후원 오운각에 있는 샘물을 순종 황제에게 진상하게 됐다.[20]

1960년대 기록 영상에 청와대 방문객들이 길게 줄을 서 샘물을 마시는 모습이 나오는데 바로 천하제일복지천이다. 옛 샘터는 사라지고, 지금은 관저 사랑채 뒤란에 약수터를 만들어 놓았으나 물은 먹지 못한다.

인근에는 왕과 관련한 샘이 둘 더 있다. 하나는 정조대왕샘물이다. 정조 수랏상에 올랐다는 물로 삼청로9길 칠보사 옆에 있다. 삼청 공원 입구 마을버스 정류장에서 멀지 않다. 다른 하나는 삼청로4길에 있는 복정우물이다. 코리아사우나 마당 아래 있는 축대에 복원해

놓았다. 옆에 높다란 사우나 굴뚝이 서 있어 찾기 쉽다. 많지는 않지만 지금도 물이 흘러나와 골목길 밑으로 사라진다. 궁중에서만 쓰던 물이라 자물쇠를 채우고 경비병이 밤낮으로 지켰단다. 정조대왕샘물과 복정우물은 삼청동천으로 들어간다.

드넓은 터에 한옥은 세 채

경내에는 한옥 세 채가 있다. 앞에서 이야기한 상춘재와 침류각(枕流閣), 오운정(五雲亭)이다. 침류각과 오운정은 본래 관저 자리에 이웃해 있었다. 지금은 사라진 옥련정도 같은 자리에 있었다. 그 터에 관저가 들어서며 본래 있던 건물들은 지금 위치로 이사를 했다.

경복궁을 중건할 때 후원에서 가장 북쪽 끝에 만든 정자가 오운각(五雲閣)이다. 임금이 후원 나들이할 때 이용하는 쉼터였다. 천하제일복지 바위 가까운 동남쪽에 옥련정이, 서남쪽 언덕에 오운각이 있었다. 오운(五雲)은 오색구름이 펼쳐져 있는 신선 세계 같다는 뜻이다. 1869년 고종이 양모인 조대비를 수레에 모시고 와 복을 기원하는 시를 남겼다. 녹음 울창하고 여기저기 맑은 물소리가 들린다고 묘사했다. 비극의 현장이기도 하다. 을미사변 때 명성황후를 시해한 뒤 녹산(鹿山)에서 불태운 시신 일부를 오운각 서쪽 봉우리 아래에 몰래 묻었다는 기록이 있다.[21]

오운각은 본래 정면 5칸, 측면 2칸 규모였단다. 지금의 1칸짜리

위. 오운정. **아래**. 오운정에서 본 관저, 경복궁, 세종대로. 남산 서울타워까지 한눈에 들어온다.

오운정보다 꽤나 컸으니 오운각과 오운정은 별개의 건물로 봐야 할 것 같다. 오운정의 이름은 오운각에서 따왔다는 설과 옥련정의 변형이라는 설이 있다. 초서 흘림으로 쓴 현판은 이승만 대통령 글씨다. 청와대에 남아 있는 유일한 정자다. 관저 서쪽 바위 위에는 오운정 크기의 이름 없는 정자가 하나 있었으나 지금은 터만 남아 있다.

지난밤 바람에 떨어졌을까. 침류각 올라가는 계단의 땡감 하나.

　침류각은 자리를 바꾸면서 옛 풍취를 잃었다. 침류(枕流)는 흐르는 물을 베개 삼는다는 뜻이다. 관저 자리에 있을 때는 우거진 숲 사이로 졸졸 흘러내리는 물소리가 들렸을 테다. 지금은 숲 한가운데 있어 나뭇가지를 스치는 바람 소리만 서걱댄다. 현판이 없고 단청도 칠하지 않아 소박한 모습이다. 대한제국 시기인 1900년대, 일제강점기인 1920년대, 이승만 정부 때인 1950년대 등 건립 시기를 놓고 의견이 분분하지만 정확한 기록이 없다. 관저 자리에서 옮겨올 때 상량문을 확인한 사람이 있었을 텐데 말이다. 1997년 오운정은 서울시 유형문화재 102호, 침류각은 103호가 됐다. 이 두 군데서 문재인 대통령이 손석희 전 앵커와 퇴임 인터뷰를 했다. 서울시 유형문화재 1호는 장충단비, 2호는 우이동에 있는 천도교 봉황각이다.

경내 한옥 두 채가 왜 전남 영광에

청와대 일대에 들어섰던 한옥은 대한제국과 일제강점기에 대부분 없어졌다. 그중에서도 녹지원 일대에 있던 융문당과 융무당의 팔자는 기구하다.

1896년 아관파천 때 고종은 경운궁(덕수궁)으로 처소를 옮겼다. 그 뒤 경복궁의 많은 전각을 허물어 경운궁 증축 자재로 썼다. 휑해진 경복궁 북쪽에 가건물들이 들어서며 조선물산공진회가 열렸다. 조선의 정궁이 일본의 신식 문물 선전장이 된 셈이다. 후원인 경무대의 아름드리나무들은 전쟁물자로 실려 나갔다.

1926년 10월 일제는 경복궁 안에 식민통치 총지휘소인 조선총독부를 완공했다. 그 6개월 전 순종이 세상을 떴을 때 후원 너른 마당에서 상여 운반 연습을 했다. 지금의 녹지원 잔디밭 즈음이다. 가까이 있던 융문당과 융무당은 1928년에 헐려 용산에 있는 용광사로 갔다. 일본 불교 종파 중 하나인 진언종 사찰인 용광사는 대륙 침략 전쟁 중에 죽은 조선 주둔 일본군 납골당 중 하나였다. 광복 뒤 1946년 원불교가 이를 인수해 서울교당으로 썼다. 2006년 이 자리에 원불교 하이원빌리지(용산구 한강대로40가길 24)가 들어섰다. 보호수가 된 건물 앞 3그루의 늙은 은행나무만이 옛일을 기억한다. 하이원빌리지 바로 뒤가 국방부이고 그 옆에 지금의 대통령 집무실이 있다. 융문당과 융무당은 다시 뜯겨 지금은 전남 영광 원불교 영산성지에 있다. 격변의 세기가 건물 두 채에 고스란히 담겨 있다.[22, 23, 24]

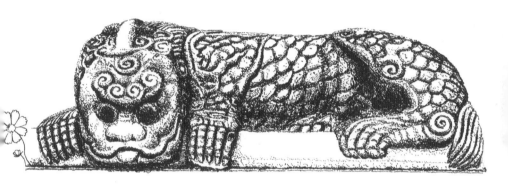

상춘재 계단 옆의 천록

상춘재 천록은 쌍둥이였을까

녹지원에서 상춘재로 올라가는 계단 오른쪽에 화강암을 깎아 만든 동물조각상이 있다. 하늘에 사는 사슴이라는 천록(天鹿)이다. 임금이 나라를 잘 다스리면 나타난다는 상상 속 동물이다. 얼핏 보면 해태 또는 이구아나처럼 생겼다. 경복궁 금천(禁川)을 건너는 다리인 영제교(흥례문과 근정문 사이) 양쪽에도 두 마리씩 네 마리가 개울 바닥을 보고 엎드려 있다. 금천은 바깥에서 들어오는 잡귀를 막는 상징 경계선이니 천록은 잡귀들의 저승사자이기도 한 셈이다. 임금으로서는 백성을 위하며 국정을 살필 테니 부디 내려와 물을 마시라는 뜻에서 제작을 주문했을 테고, 석공은 임금의 마음이 부디 변하지 않기를 바라며 돌을 깎았을 테다.

상춘재 천록은 지금의 관저 자리에 있던 침류각 앞에 놓여 있었다. 관저를 새로 지으며 침류각을 옮길 때 천록은 함께 가지 않고 상춘재 계단으로 이사했다. 그런데 흥미로운 일이 있다. 문화재보존과학센터에서 조사해보니 국립고궁박물관에 보관 중인 천록과 상춘재 천록의 석질이 놀랍도록 닮았다. 바윗덩어리 하나를 나눠 만든 일란성 쌍둥이일 수도 있다는 추정이 나오는 이유다. 창경궁 옥천교 아래에는 석물이 있을 법한데 빈자리가 하나 있다. 여기 있던 천록이 어떤 경로를 통해 국립고궁박물관으로 간 것은 아닐까? 추정이 맞다면 같이 만들어 하나는 창경궁에 다른 하나는 경복궁 후원에 놓았다는 얘기다. 경복궁 중건 뒤 후원을 조성하며 여러 가지 상징물을 만들었다. 이때 바위에 '천하제일복지'를 새기고 근처의 침류각 앞에 천록을 배치하지 않았을까?[25]

고향이 경주인 부처가 청와대에 온 사연

관저 뒤 산책로를 오르다 보면 오운정이 나오고 조금 더 가면 불상 하나가 앉아 있다. 화강암을 쪼아 만들었다. 정식 이름은 '경주 방형대좌 석조여래좌상'이다. 제작 연대를 9세기경으로 추정한다. 본래 경주 남산 계곡 이거사에 있었는데 일제강점기에 수난을 당한다. 1912년 초대 조선총독 데라우치가 서울 남산 총독 관저인 왜성대로 옮겼다. 그 뒤 1939년 청와대 자리에 총독 관저를 새로 지으며 불상도 함께 옮겼다. 지금의 관저를 지을 때 100미터 위인 현재 자리로 다시 이사했다. 다행히 몸체가 온전하다. 연꽃을 새긴 방석까지 남아 있는 흔치 않은 통일신라 석불이다.

누가 이름을 붙였는지 '미남불'로 많이 불린다. 한번 별명이 붙으면 꼬리에 꼬리를 물고 이어지며 굳어지는 경우가 많다. 하지만 '미남'이라는 말에 낚여 한껏 기대를 하고 가면 실망하는 이들도 있겠다. 대개의 불상처럼 몸은 '통통 퉁퉁 빵빵' 중의 하나이고, 볼살이 볼록하고, 턱도 한 겹이 더 있으니 말이다. 신체 비율은 나무랄 데 없다. 두 가지 조건을 채우면 요즘 기준으로 진짜 미남이 될 수 있겠다. 1번은 20퍼센트쯤 살을 뺄 것, 2번은 이마에 박힌 백호(白毫) 좀 어떻

훈훈하게 생긴 미남불. 고향이 경주인데 이사를 많이 다녔다.

게 할 것. 백호 자리에는 본래 수정이나 보석이 있었을 텐데 누가 빼 갔는지 지금은 어울리지 않는 구슬이 들어가 있다. 다이소에서 파는 1000원짜리 플라스틱 공처럼 영 품위가 없다.

미남불은 기독교 장로 출신 대통령 시절에 화제가 됐다. 김영삼 정부 때였다. 청주 우암상가아파트 붕괴, 구포역 무궁화호 열차 전복, 아시아나 여객기 목포 추락, 서해 훼리호 침몰, 성수대교 붕괴, 충주호 유람선 화재, 대구 지하철 공사장 가스 폭발, 삼풍백화점 붕괴…. 대형 사건사고가 꼬리를 물고 이어지자 기독교 신자인 대통령이 불상을 치워버렸기 때문이라는 얘기가 돌았다. 헛소문이었다. 이명박 대통령 때는 극성 신도들이 나섰다. 경내에 불상은 있는데 왜 성모상이나 예수상은 없냐는 불만이었다. 종교 차별이라며 함께 들여놓으라는 요구를 했다.

서울시 유형문화재 24호이던 이 불상은 보물로 신분 상승을 했다. 2017년 문재인 대통령이 가치를 재평가해보라고 한 뒤였다. 그간 연구자들이 접근하지 못해 가치를 평가받지 못한 점도 있었다.

5장

사연 많은
예술품

사들인 그림, 상납한 그림

백악관은 전체가 수준 높은 박물관이자 미술관이다. 예술품 전반을 관리하는 큐레이터가 식탁에 오르는 그릇까지 관리한다. 1961년 케네디 대통령이 큐레이터 직제를 만들었다. 윌리엄 G. 올먼 큐레이터는 1976년에 백악관에 들어가 40년 넘게 근무하다가 퇴임했다. 백악관은 작품을 자체 구입하기도 하지만 대개는 미술관에서 빌려온다. 청와대는 어떨까.

최고 권력자가 있는 공간이니 한국 최고 작품들을 볼 수 있으리라는 꿈은 그냥 꿈일 뿐이다. 살 떨리는 작품을 보려면 미술관에 가는 편이 낫다. 물론 소장 작품 대부분은 수준급이다. 경내 소장 예술품은 지지자들에게 받은 선물도 있고 비서실에서 구입한 작품도 있다. 대통령이 마음에 드는 작품을 직접 구입한 경우는 많지 않다. 선물로 들어오는 작품은 대개 목적이 있다. 벽에 걸려 카메라에 잡히기만 해도 화제가 되고, 이는 작가 보증수표가 되기 때문이다. 공짜로 선물해도 괜찮은 투자인 셈이다. 아님 말고 하는 생각으로 보내 폐기 처분하는 작품도 꽤 있었단다. 벽에 걸리지 못하고 수장고로 직행하는 작품도 많았다. 김대중 정부 시절 청와대 미술품 첫 전수조사에 참여했던 정준모 한국미술품감정연구센터 대표는 "청와대 인테리어와 작품 수준은 1970~1980년대 강남 주택 수준"이라고 했다.[26]

예술품 목록에 올라 있는 작품 수와 실제 추정 작품 수는 크게 차이가 난다. 문재인 정부는 정부 수립 뒤 70년 간 청와대가 소장해 온 미술품은 총 606점이며 새로 사들인 작품은 없다고 밝혔다. 한국화, 서양화, 서예, 사진, 조각품, 도자기, 공예품, 판화 등 분야별 작품들이 망라되어 있다. 작품 이름, 작가 이름, 금액 등 상세정보를 모두 공개한 적은 없다. 미술품의 가치, 작가의 인지도 등에 영향을 끼쳐 특정인에게 이익 또는 불이익을 줄 우려가 있다는 이유다. 전체 도록도 없었다. 소장품 중 정부 공식 관리 작품은 190여 점뿐이다.

1994년에 구입한 작품들이 유달리 많은 데는 이유가 있다. 미술품 목록을 처음 만든 때는 김영삼 정부 시절인 1997년이었다. 사무집기 비품과 함께 물품 재고 조사를 하면서다. 이때 족보를 알 수 없는 작품 구입일자를 김영삼 정부 초기인 1994년으로 일괄 기재했다.

그 뒤 조달청 물자관리법에 미술품을 별도로 관리하는 조항이 들어 갔다. 1998년 김대중 정부 때 처음 소장품을 체계적으로 전수 조사 했다. 제작연도로 보면 18년간 재임한 박정희 정부 때 작품이 가장 많다.[27]

1981년까지 국전(대한민국 미술 전람회. 국가 주도로 1949년부터 1981년 까지 열린 미술 공모전)의 대통령상 수상작은 대개 청와대가 사들였다. 노태우 정부 때 작품 수요가 많았다. 새로 지은 관저(1990년)와 본관 (1991년) 공간을 꾸며야 했기 때문이다. 한국적일 것, 전통적일 것, 현 대와 적합할 것, 역사적일 것 등의 기준에 맞춰 동양화와 민화를 많 이 수집했다. 김영삼, 김대중, 노무현 정부를 거치면서 소장품 수는 크게 늘었다. 김대중, 노무현 정부 때는 특별한 행사가 있을 때 분위 기에 맞는 작품을 외부 갤러리에서 빌려왔다. 작품 값의 2퍼센트를 대여료로 줬다.

당대의 내로라하는 대가들이 경내 소장 예술품 작가 명단에 올 라 있다. 강요배, 김기창, 김선자, 김선희, 김수현, 김원, 김점선, 김형 근, 나정태, 민경갑, 민정기, 박광진, 박대성, 박동규, 박수학, 박영율, 배만실, 서세옥, 석철주, 손수택, 송필용, 오승우, 이대원, 이병숙, 이 상범, 이영찬, 임옥상, 장리석, 장우성, 정상섭, 최범진, 허백련….

본관에는 조선 시대 어가행렬을 재현한 유양옥의 〈행차도〉, 고 구려 무용총을 모사한 김식의 〈수렵도〉, 장우성의 〈군학도〉, 서세옥 의 〈백두산 천지도〉, 나정태의 민화 〈십장생도〉, 민경갑의 〈설경〉, 연 회 장면을 그린 이병숙의 병풍 〈진연도〉, 김기창의 〈산수〉 등이 걸려

본관 인왕실에 걸려 있는 전혁림 화백의 〈통영항〉.

세종실에 걸려 있는 송규태 화백의〈일월오봉도〉(사진 출처: 대통령 경호처)

있다.

1990년 준공한 춘추관에는 TV 83대로 만든 백남준의 미디어아트 작품 〈비디오 산조〉를 설치했다. 2014년 당시 평가액이 3억 원 정도였다. 전기를 많이 잡아먹어 켜는 일은 별로 없단다.

대통령의 취향에 따라 그림 팔자도 바뀐다. 노무현 대통령은 인왕실에 전혁림 화백의 〈통영항〉을 걸었다. TV에서 우연히 본 그림이 마음에 들어 직접 전시회를 찾아가 제작을 부탁했다. 당시 구순이던 전혁림 화백은 넉 달을 그려 완성했다. 1억 5000만 원짜리이니 적잖은 가격이었다. 다음 대통령 이명박은 무슨 이유에서인지 이 그림을 치웠다. 박근혜 대통령에 이어 문재인 대통령이 청와대에 들어갔다. 비서실장 시절에 본 그림이 안 보이자 찾아보라 했다. 서울시립미술관을 거쳐 국립현대미술관에 가 있던 그림은 다시 있던 자리로 돌아왔다.

국무회의가 열리는 세종실에 있는 송규태 작 〈일월오봉도(日月五峯圖)〉 역시 마찬가지다. 노태우 정부 때 본관을 지으며 걸었던 이 그림을 김영삼 정부는 제왕적 통치의 상징이라며 떼어냈다. 김대중 정부 말기에는 그 자리에 박영율의 소나무 그림인 〈일자곡선(一字曲線)〉을 걸었다. 이명박 정부 때는 회의장 배치를 바꾸면서 〈일월오봉도〉 앞에 커튼을 쳤다. 문재인 대통령이 좋은 그림인데 가려져 있다며 직접 커튼을 걷어 다시 공개했다.[28, 29, 30]

공간 따로 작품 따로

본관 관저 영빈관 같은 청와대 건물들은 예술품 전시에 적합하지 않다. 본관은 업무공간으로 설계했으니 미술관과 달리 세밀한 보호시설이 없다. 수시로 변하는 온도와 습기에 그대로 노출돼 탈 난 작품도 많다. 노무현 정부 때 항온항습기가 있는 수장고를 만들었지만 임시방편일 뿐이었다. 인테리어 요소들도 제각각이다. 기둥은 갈색, 벽면은 베이지색이다. 문짝 문양은 복잡하고, 샹들리에는 눈부시고, 콘센트마저 금빛 찬란하다. 빨갛거나 회색이거나 베이지색인 카펫, 또는 복잡한 문양의 대리석이 깔린 바닥은 어지럽다. 계산하지 않은 조명은 말할 것도 없다. 어수선하고 산만한 공간에 작품이 걸려 있으니 시선이 흩어져 눈에 들어오지 않는다. 큰 틀에서 공간 이용을 계획하고 관리하는 전문가가 없었다는 반증이다.

청와대 직원은 경호처 직원들과 시설을 관리하는 기술직 인력 외에는 모두 '어공(어쩌다 공무원)'이다. 총무비서관실에서 미술품을 관리하지만 관리자도 정권이 바뀌면 달라진다. 중앙관서장은 매년 12월 31일 기준으로 보유 작품 현황을 점검하고 증감사항을 이듬해 2월까지 조달청장에게 통보하게 돼 있다. 하지만 이 규정을 지킨 정권은 많지 않다. 정권이 바뀌면 문제가 될 만한 자료는 없애버리고 인수인계도 제대로 하지 않았다. 사정이 이러니 그림 행방을 놓고 소문이 끊이지 않았다. 권력기관에서는 기관장이나 고위직이 퇴임할 때 가져가거나 아랫사람이 상급자에게 선물로 바치기도 했단다. 청와대도 의혹의 화살을 피하지 못했다. 물론 확인할 수 없고, 해주지도 않는 과거 얘기다. 요즘 같은 투명한 세상에 이런 일이 일어난다면 난리가 날 테다.

비서실 따로 경호처 따로

김영삼 정부 시절인 1997년 이전 청와대 미술품은 일반 비품 취급을 받았다. 감가상각 기간 5년이 지나면 목록에서 빠진다. 보존 의무가 없어지니 수장고에 넣거나 없애도 된다는 말이다. 이 규정을 이용해 직원 집들이 선물로 작품을 가져가기도 했다니 눈 밝은 이라 면 좋은 작품을 얼마든지 빼돌릴 수 있는 구조였던 셈이다. 어떤 작품들이 어디로 갔는지는 알 수 없다.

이승만 대통령이 공포한 법령이나 고위공무원 임명장에 찍던 1호 인장은 사라졌다. 박정희 대통령 시절 청와대 행사 사진에 보이던 호랑이 가죽 카펫도 없어졌다. 12.12쿠데타로 집권한 신군부 세력이 혼란을 틈 타 문화재들을 빼돌렸다는 설이 유력하다. 청와대 영부인 접견실에 있던 억대의 나전칠기도 정권 교체기에 사라졌다. '恥惡衣惡食者不足與議(치악의악식자부족여의, 거친 옷과 거친 음식을 부끄럽게 여기는 사람은 더불어 논의할 수 없다)' 안중근 의사가 1910년 뤼순 감옥에서 순국하기 직전 남긴 이 유묵도 사라졌다. 1976년 홍익대 이도영 이사장이 청와대에 기증한 작품이다. 문화재청 문화재 정보란에는 소재지가 '서울 세종로 1 청와대'로 적혀 있다. 소재를 알 수 없는데 도난 문화재 목록에도 없다. 권력 교체기 어수선한 분위기에서 석연찮은 일들이 많았다. 사라진 예술품이 돌아온 적은 없다. 문화재 사범의 공소시효는 10년이지만 도난 문화재 매매는 공소시효가 없다.

특이하게도 대통령 경호처는 미술품 140여 점을 따로 관리한다. 작품 숫자는 변함이 없다. 비서실은 5년마다 사람들이 몽땅 바뀌지만 경호처는 바람을 타지 않는다. 경호처 관리가 오히려 안전하다는 말이다.[31]

대통령을 그린 화가들

청와대 국무회의장인 세종실 앞에는 역대 대통령 초상화가 줄지어 걸려 있다. 가로 530밀리미터 세로 650밀리미터 동일 규격이다. 대개 임기가 1년쯤 남았을 때 화가를 추천받아 제작한다. 화가는 사진에 바탕해 초안을 그린 뒤 대통령의 뜻을 반영해 마무리한다. 마지막 국무회의 때 완성작을 거는 행사가 '헌액게첩(獻額揭帖)'이다. 역대 대통령과 이를 그린 어용화가는 다음과 같다. 어용(御用)이란 말은 권력에 아부하거나 영합한다는 좋지 않은 의미로 많이 쓰지만 본래는 '임금이 쓰는 것'을 이르는 말이다.

각 대통령과 초상화를 그린 화가는 다음과 같다.

이승만 대통령: 김인승 화백
윤보선 대통령: 김인승 화백
박정희 대통령: 김인승 화백
최규하 대통령: 박득순 화백
전두환 대통령: 정형모 화백
노태우 대통령: 김형근 화백
김영삼 대통령: 이원희 화백
김대중 대통령: 정형모 화백
노무현 대통령: 이종구 화백
이명박 대통령: 정형모 화백

역대 대통령 초상화.

박근혜 대통령: 이원희 화백
문재인 대통령: 김형주 화백

대통령 초상화는 1973년 1월 1일에 처음 걸었다. 이날 이화여대 미대학장을 지낸 김인승 화백이 그린 이승만 대통령, 윤보선 대통령, 박정희 대통령 얼굴이 한꺼번에 걸렸다. 전두환 정부까지 초상화 구입 비용은 1000만 원이었다. 이 시기 청와대 컬렉션에 들어 있는 다른 그림들도 1000만 원으로 일괄 기록돼 있어 실제 가격인지는 확실치 않다. 가장 비싼 작품은 노태우 정부가 지불한 7500만 원이다. 노태우 대통령 얼굴 뒤에는 두 줄의 후광 속에 마주보고 있는 봉황 한 쌍이 들어 있다. 김영삼 대통령과 박근혜 대통령 초상은 이원희 전 계명대 미대학장이 그렸다. 초상화만 500여 점 넘게 그린 전문가다. 윤관, 이만섭, 이용훈, 김수한, 박관용, 임채정, 반기문 얼굴이 그의 작품이다. 김영삼 대통령을 그릴 때는 30분 독대를 허락받았지만 1시간을 스케치했다. 대통령이 대학 다닐 때 친구들 술 사주다가 전당포에 물건 맡긴 얘기를 하며 편한 분위기를 만들어주었단다. 넥타이와 배경색을 달리한 2점을 그려 가 마음에 드는 걸 고르라고 했더니 웃으며 그저 좋다고만 했단다. 작품 값은 1000만 원. 박근혜 정부 때는 탄핵을 예감했는지 선고 2개월 전에 의뢰를 받았다. 급박한 상황이라 독대를 못하고 사진만 보고 그렸다. 박근혜 대통령이 청와대를 떠난 지 석 달 뒤에 걸렸으니 정작 주인공은 자기 얼굴을 보지 못했다.

정형모 화백은 전두환 대통령, 김대중 대통령, 이명박 대통령을 그렸다. 육영수 여사와 박정희 대통령의 영정을 그린 인연 덕이었다. 이명박 정부 시절 청와대에 온 미국 부시 대통령 얼굴도 그려서 줬다. 상춘재에서 작품을 전달하는데 그림을 보고는 좋다고 성큼성큼 걸어와 와락 껴안았단다. 처칠 수상은 영국 대사관을 통해 전달받고 직접 감사편지를 보내왔다. 이순신과 권율장군 영정도 그렸다. 전두환 대통령은 젊어 보이게끔 머리숱을 더 그려 넣었다. 김대중 대통령은 2점을 그려 하나는 동교동 김대중도서관에 걸었다. 작품 값은 2000만 원. 이명박 대통령은 퇴임 직전에 의뢰가 와 부랴부랴 그렸는데 본인이 실물보다 낫다고 했단다.

노무현 대통령을 그린 중앙대 이종구 교수는 농민화가로 불린다. 정부미 쌀부대에 농부 얼굴을 많이 그렸기 때문이다. 그림을 부탁하며 대통령은 농촌에서 산 사람의 표정이면 좋겠다는 주문을 했다. 넥타이는 본래 회색이었는데 젊은 대통령을 상징하려 빨간색으로 바꿨다. 김호석 화백도 함께 의뢰를 받고 두 번을 만났는데 같은 주문을 받았다. 쪽색 두루마기를 입은 모습을 전통기법으로 그렸다. 이 그림은 역대 대통령의 초상화와 크기 및 형식이 다르다는 이유로 청와대에 걸지 못했다. 지금은 봉하마을 사저에 걸려 있다. 작품 값 1500만 원.

문재인 대통령 얼굴은 창원 사는 청년 화가 김형주의 작품이다. 인물화를 독학으로 공부했단다. 만나보지 않고 언론에 자주 등장하는 사진을 보고 그려 선물했다. 참모들이 다들 그림이 좋다고 해 따로 작가를 찾지 않았다. 작품을 걸기로 결정한 뒤 청와대 직원이 창원을 오가며 보정작업을 거쳤다. 당연히 작품 값은 지불했다.

대통령 배우자는 초상화 대신 사진을 쓴다. 대통령과 동급으로 대접하면 부담스러워서일까. 프란체스카 여사, 공덕귀 여사, 육영수 여사, 홍기 여사, 이순자 여사, 김옥숙 여사, 손명순 여사, 이휘호 여사, 권양숙 여사, 김윤옥 여사, 김정숙 여사가 아래위 두 줄로 걸려 있다. 프란체스카 여사, 공덕귀 여사, 육영수 여사는 흑백 사진이다. 배우자들의 사진은 모두 영부인 접견실인 무궁화실 앞에 있다.[32,33,34,35,36]

6장
0.725초의 승부, 경호처

어마어마한 물을 쓰는 곳

정문 양쪽에 있는 경호처는 본관과 관저를 호위하는 바리케이드
다. 오른쪽 건물이 본청사, 왼쪽이 충정관과 101경비단이다. 본청사
에는 관리, 행정, 통신 조직이 있었다. 충정관은 수행경호팀과 선발경
호팀, 즉 총잡이들이 있는 공간이다. 101경비단은 경내 경비를 담당
한다. 정문을 사이에 둔 양쪽 건물은 지하통로로 이어진다. 101경비
단 건물은 전두환 정부 때, 충정관은 김대중 정부 때 생겼다. 노무현
정부 시절에 여민1관을 새로 지으며 청와대는 지금과 같은 건물 구
조가 됐다. 경호 관련시설은 청와대 외부에도 있다. 분수대 옆 연무
관은 1991년에 세웠다. 사격장, 무도장, 수영장, 농구장, 헬스장 등을

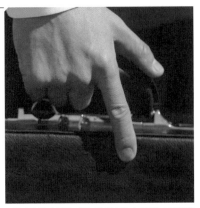

수행경호원의 무장 가방. 언제든 열 수 있게 손가락은 항상 버튼에 가 있다. (사진 출처: 대통령 경호처)

갖추고 체력 단련을 하는 공간이다. 물샐 틈 없는 경호를 위한 체력 단련 시설이다 보니 서울에서 물을 가장 많이 쓰는 건물이라는 말까지 있다. 창성동 옛 진명여고 자리의 부속청사에는 경호, 경비 조직을 교육하고 훈련하는 팀이 있다. 경호 차량들이 대기하는 공간이기도 하다. 경호 업무에 배치되지 않는 날은 교육과 훈련을 반복한다. 짧게 스쳐가는 장면을 기억하고 재구성하는 시각 훈련, 눈을 감고 갖가지 소리를 구분하는 청각 훈련도 한다. 매년 어학, 법학, 행정학, 경호학, 범죄심리학 등 14개 과목 이수는 필수다.

경복궁 안에 숨은 탱크

경호 조직의 탄생 뒤엔 1961년에 일어난 5.16쿠데타가 있다. 이날 서울로 진입한 30사단과 33사단 병력 중 일부가 청와대 주변에 눌러앉았다. 이 둘은 30대대와 33대대라고 불리다가 30경비단과 33경비단으로 이름을 바꿨다. 수도방위사령부 창립 핵심부대다. 특히 경복궁 북서쪽 담장 안에 있던 30경비단은 대통령 최근접 경호부대였다. 이 자리에는 임금의 어진을 모신 태원전, 왕과 왕비가 세상을 떴을 때 시신을 잠시 모시는 빈전 등이 있었다. 1915년 일제가 조선물산공진회를 열기 위해 이 일대를 허물었다. 이 자리를 조선총독부와 총독 관저를 경호하는 일본군부대가 차지했고, 이어 30경비단이 들어왔으니 경복궁 한쪽은 오랫동안 병영이었다. 차지철 경호실장 때는 병력을 연대 규모로 늘렸다. 전차와 장갑차까지 갖춘 중무장부대였다. 영화 〈남산의 부장들〉이나 〈효자동 이발사〉에 등장하는 탱크부대가 30경비단 소속이다. 무장 병력이 청와대 일대를 경비하던 시절, 밤이 되면 실탄이 든 총을 소지한 경비병들이 군견을 끌고 경복궁을 순찰했다. 경복궁 전각들 문은 창호지 절반이 없었다. 순찰을 돌며 손전등으로 내부를 쉽게 살피기 위해서였다. 민속박물관은 야근자 명단과 퇴근 예정시간을 경비담당자에게 보내야 했다. 병사들은 새벽마다 구보하며 군가를 불렀다. 시위진압 훈련도 했다. 역대 30경비단장들은 대통령 측근 중의 측근이었다. 손영길, 전두환, 이종구, 장세동, 안현태, 이현우 등이 거쳐갔다.

두 번의 쿠데타

쿠데타로 정권을 잡은 박정희 대통령은 쿠데타를 두려워했다. 집권 뒤인 1963년에 독립 조직으로 대통령 경호실을 창설했다. 경호부대의 핵심은 30경비단과 33경비단이었다. 하지만 1979년 10.26사태로 박정희 대통령이 서거한 지 두 달도 안 된 12월 12일, 다시 군부가 총을 들었다. 박정희 대통령이 뒤를 봐주던 하나회가 주도했다. 보안사령관 전두환, 30경비단장 장세동, 33경비단장 김진영, 헌병단장 조홍 등이 핵심이었다. 이들은 경복궁 안 장세동 30경비단장 방에서 정승화 육군참모총장 체포를 모의했다. 30경비단과 33경비단은 직제로는 수도경비사령부 소속이다. 대통령 경호부대라는 이유로 경호실장 차지철이 지휘하고 있었지만 직속상관은 장태완 수도경비사령관이었다. 명백한 하극상이었다. 당시 장태완은 신군부의 간계에 빠져 연희동 요정에 있었다. 그는 정승화 육군참모총장이 체포됐다는 보고를 받고 급히 중구 필동 수도경비사령부로 갔다. 하지만 이미 휘하 병력 절반이 반란군 쪽으로 넘어간 상태였다. 행정병과 취사병까지 모아 반격을 노렸으나 역부족이었다. 쿠데타군에게 항복한 노재현 국방장관은 저항하지 말라고 지시했다. 수도경비사령관 부임 24일째 된 날이었다. 보안사로 끌려가 조사를 받고 있는 장태완을 전두환이 찾아오더니 손목을 덥석 잡았다.

전두환: 장 선배! 그동안 얼마나 고생이 많으셨습니까, 건강은 어떠십니까?

장태완: 나야 이래저래 죽을 놈인데 건강 같은 것이 무슨 문제겠소.

전두환: 정승화 장군이 김재규 사건에 관련이 있는데도 조사에 불응하기 때문에….

장태완: 그날 밤 연희동 술자리 장소에 당신 부대원들을 위장 배치

해 놓았다가 우릴 얼마든지 처치할 수도 있지 않았소? 내 발로 내가 지휘할 수 있는 부대까지 갈 수 있도록 놔두었으니 내가 임무를 수행하는 것은 당연한 일 아니오?

전두환: 밑에 사람들이 장 선배를 사전에 연금시키자는 것을 내가 야단을 쳤어요. 그 어른은 우리가 모시고 큰일을 함께할 분인데 그렇게 하면 되겠나. 장 선배가 야단법석을 떠는 바람에 내가 얼마나 입장이 난처했는지 모릅니다. 장 선배가 그러지만 않았더라면 우리는 그 다음날 장 선배를 중장으로 진급시켜 군단장으로 내보내려고 했던 겁니다. 사정이 그렇게 된 것을 이해하시고 집에 가서서 약 6개월 동안 쉬고 계시면 저희가 일자리를 마련해 드리겠습니다.

장태완: 모든 것은 끝났소. 패장으로서 죽이지 않고 집으로 보내준다니 나가야지![37]

장태완은 예편서를 쓰고 풀려났다. 최전방 9사단장으로서 자신의 병력을 빼돌려 반란에 참가한 노태우가 후임 수도경비사령관이 됐다. 노태우는 이어 보안사령관을 하고 대장으로 예편했다.

장태완의 가족은 망가졌다. 아들의 불운을 한탄하던 부친이 눈을 감았다. 2년 뒤엔 외아들마저 잃었다. 서울대 자연대 81학번으로 1학년 말에 전 과목 A학점을 받은 수재였다. "다녀오겠습니다"라며 평소처럼 인사하고 문을 나선 지 한 달 뒤, 할아버지 산소 근처에서 주검으로 발견됐다.

무슨 이유에서인지 장태완은 전두환 정권이 제안한 한국증권전산 사장 자리를 받아들였다. 16대 국회에서는 야당인 새천년민주당 비례대표로 의원이 됐다. 하지만 김대중 대통령의 햇볕정책을 비판했다. 박정희기념사업회 이사 시절에는 박정희 대통령의 하나회 비호를 비판했다. 주관이 뚜렷한 천생 군인이었던 셈이다. 국립대전현충원 장태완 묘 옆에는 전두환의 경호실장 안현태가 묻혀 있다. 정승화 묘 옆에는 유학성이 누워 있다.

권총 유효사거리 52미터가 경계선

12.12군사반란 뒤에는 경호부대의 탈선이 있었다. 선진국들은 국가원수 경호 기관을 따로 두지 않는 경우가 많다. 유럽에서는 대개 경찰이 경호를 맡는다. 독일은 연방수사청과 연방경찰, 영국은 런던광역경찰청의 왕실요인경호대(RaSP), 프랑스·이탈리아·스페인은 국가경찰이 담당한다. 일본은 경시청에 전담 조직을 두고 있다. 미국은 국토안보부 소속 수사기관인 시크릿서비스(SS)가 담당한다. 이 기관의 핵심 업무는 지폐나 카드 위조 범죄 수사다.

문민 통제에 나선 김영삼 정부는 1996년 30경비단과 33경비단을 제1경비단으로 통합했다. 병력도 크게 줄였다. 군사정권 잔재 청산, 즉 5.16과 12.12 두 번의 쿠데타 핵심부대라는 과거사를 지우는 과정이었다. 제30경비단이 떠난 자리에는 2006년에 다시 태원전이 들어섰다.

2008년 이명박 정부는 경호실을 대통령실 소속 경호처로 전환했다. 박근혜 정부 때인 2013년에는 대통령 경호실로 독립했다가 2017년 문재인 정부에서 다시 경호처로 축소했다. 장관급과 차관급을 오가다 현재 차관급인 경호처장을 순서대로 보면 이렇다. 홍종철, 박종규, 차지철, 정동호, 장세동, 안현태, 이현우, 최석립, 박상범, 김광석, 안주섭, 김세옥, 염상국, 김인종, 어청수, 박흥렬, 주영훈, 유연상, 김용현. 대부분 군이나 경찰출신이다.

경호처장의 권한은 막강하다. 대통령과 국빈 경호, 청와대 안팎 경비 및 순찰, 의전 및 방문객 안내, 외부 행사 관리, 작업자 관리에 관련한 조직 일체를 지휘한다. 이들의 소속은 임무에 따라 경호처, 수도방위사령부, 서울경찰청 등 서로 다르지만 경호 효율을 높이기 위해 단일 지휘체계를 갖췄다. 대통령이 움직이면 경호처 요원들은 권총 유효사거리인 52미터 이내를, 그 밖은 군과 경찰이 방어한다.

정권은 오고 가도 부대의 임무는 여전해 제1경비단은 서울 도심에 있는 유일한 전투부대다. 부대마다 사방신(四方神)을 뜻하는 청룡, 백호, 현무, 주작의 별칭이 붙어 있다. 장갑차, 대전차 무기, 드론 퇴치용 이동식 재밍(jamming, 전파 방해) 장비까지 운용한다. '청룡 백호의 용맹 받아 행동으로 충성 다하여서 전군 유일 최정예 근위부대 제1경비단' 부대 노래는 변함없지만 청와대 개방으로 부대 임무와 위상은 달라졌다. 청와대 외곽을 지키는 55경비대대는 소속감이 남달라 전역자들 모임인 북악회까지 있다. 창설일인 11월 1일에 부대에서 현역들과 체육대회를 연다.

당하면서 메운 빈틈

대통령을 둘러싼 크고 작은 사건들은 경호체계 발전의 약이 됐다. 1968년 1월 21일 북한 무장공비들이 청와대 근처까지 침투했다. 그 뒤 청와대 일대는 특정경비지구가 됐다. 군 병력을 증강해 외곽 경비를 강화했다. 공중 습격에 대비해 'P-73 비행금지구역'도 설정했다. 휴전선 일대, 원자력 관련 시설, 군 시설 등이 비행금지구역에 해당한다. P-73구역은 청와대를 중심으로 반지름 2해리(3.7킬로미터)인 A구역과, 4.5해리(8.3킬로미터)인 B구역으로 나뉜다. 2022년 청와대를 개방하며 주변은 비행금지구역에서 벗어났다. 대신 용산 집무실 주변과 한남동 관저 일대를 금지구역으로 설정했지만 반지름 3.7킬로미터 이내로 한정했다. 레이더와 대공무기 성능이 크게 나아져 공중위협에 그만큼 효과적으로 대처할 수 있기 때문이다. 금지구역에서 사전 승인을 받지 않고 드론을 띄워도 된다. 단, 격추당해도 아까워하지 않을 것. 불법 촬영 혐의로 붙잡혀서 조사받고 벌금 200만 원을 내도 불만이 없을 것.

1970년 6월 22일에는 국립서울현충원 현충문 폭파사건이 일어났다. 역시 무장공비들 짓이었다. 목표물은 한국전쟁 20주년을 맞아 현충원을 참배하는 박정희 대통령과 정부 요인들이었다. 새벽에 현충원에 잠입해 폭발물을 설치하다가 실수로 폭탄이 터져 미수에 그쳤다. 1명이 현장에서 폭사하고 2명은 계양산을 거쳐 김포 쪽으로 달아나다 사살됐다. 이 사건을 계기로 폭발물 탐지를 전담하는 검측부를 만들고 무선 원격 폭발물에 대비한 특수장비를 도입했다.

북한은 도발을 멈추지 않았다. 1974년 8월 15일에는 광복절 기념식이 열리는 국립극장을 노렸다. 경호원과 경찰이 한국어를 모르는 일본인으로 가장한 문세광에게 경계심을 풀었다. 결국 권총을 지니고 입구를 통과해 사달이 났다. 총탄은 대통령을 피해갔지만 육영수 여사가 숨졌다. 박종규 경호실장의 대응사격에 애꿎은 여고생이 목숨을 잃었다. 이후 경호체계가 다시 크게 바뀌었다. 교리와 기법을 개선하고 실제 상황에 맞는 훈련이 이루어졌다. 정확도가 높은 권총, 근거리용 소구경 경기관단총, 금속탐지기, 방탄 탁자 같은 장비들을 보강했다. 가족경호팀과 의무실도 만들었다. 그래도 내부 허점은 막지 못해 중앙정보부장 김재규의 총에 박정희 대통령이 죽었다. 경호에는 대통령 최측근도 예외가 없다는 원칙을 확인한 사건이었다.

1983년 10월 9일 미얀마 아웅산 국립묘지에서 폭파사건이 일어났다. 방문 예정이던 전두환 대통령을 제거하려고 북한 특수공작조가 벌인 일이었다. 묘지 천장에 설치한 폭발물이 터져 경호관 등 17명이 순직하고 14명이 부상을 당했다. 예행연습을 본 행사로 착각해 미리 터트려 전두환 대통령은 화를 피했다. 이정재와 정우성이 열연한 영화 〈헌트〉의 모티브가 된 사건이다. 아웅산 참사는 해외 순방 경호 매뉴얼을 치밀하게 보완하는 계기가 됐다.

0.725초의 승부

　경호 훈련은 VIP 대신 죽는 연습이다. 경호원은 어떤 상황에서든 소리 나는 쪽으로, 위험물이 날아오는 쪽으로 몸을 날린다. '하나 된 충성, 영원한 명예'가 모토인 이유다. 훈련은 혹독하다. 공수, 유격, 해상, 특공, 사격 훈련은 기본이다. 요원들 무술 평균이 5단이

대통령 이동 시 교통상황을 통제하는 상황실. (사진 출처: 대통령 경호처)

다. 과거 7급 경호원 채용 조건은 30세 이하, 175센티미터(남성) 165센티미터(여성) 이상, 맨눈 시력 0.8 이상이었다. 이제는 키 작고 안경 쓴 경호원도 있다. 건장한 신체도 중요하지만 사이버 시대에 과학적인 사고로 무장한 요원도 필요하기 때문이다. 여성 경호원은 2004년에 다섯 명을 처음 뽑았다. 그 중한 명이 지금 배우로 활동하고 있는 이수련이다. 경호원은 어떤 행사에서도 눈을 감거나 묵념을 하지 않는다. 야구장에서 시구를 한다면 주위에 있는 심판이나 카메라맨은 십중팔구 그들이다. 시장을 방문한 대통령 손 한번 잡아보겠다고 튀어나가다가는 가게 주인처럼 보이는 사람이 손목을 낚아챌지 모른다. 식당에서 밥 먹는 대통령을 보고 사인 좀 받을까 하여 벌떡 일어선다면 옆자리에 있던 청년이 앞을 막아설 수도 있다.

2022년 7월 8일 아베 일본 전 총리가 유세 도중 총을 맞고 사망했다. 현장 경호원들은 경시청 경호 매뉴얼을 하나도 지키지 않았다. 사주경계에 실패하고 근접경호도 하지 않았다. 범인이 접근하며 첫 발을 쏘기까지 9.1초, 두 번째 발사까지 3초 동안 어떤 조치도 없었다. 한국 경호체계에서는 있을 수 없는 일이다. 청와대 경호 매뉴얼대로라면 눈 깜짝할 새 대응사격이 끝난다. 위해 상황 인지에 0.4초, 총을 뽑는데 0.3초, 총알이 상대에게 도달하는데 0.025초, 합해서 0.725초면 상황 종료다.

대통령 부부는 본인이 거부하지 않으면 퇴임 뒤 10년까지 경호를 받는다. 그 뒤로는 경찰이 경호를 담당한다. 경호를 사양하는 경우는 없었다. 함께 사는 자녀도 마찬가지다. 1988년에 퇴임한 전두환 대통령은 1995년에야 경찰청으로 경호 임무가 넘어갔다. 18년을 경호처가 지켜준 셈이다. 처장이 필요하다고 판단하면 기간을 연장할 수 있으니 특혜는 아니었다. 대선후보도 경호를 받는데 담당은 경호처가 아니라 경찰이다. 경호원은 보이지 않는 홍보맨이기도 하다. 동선을 꿰고 있어 사진기자들에게 최적 포인트를 귀띔해주기도 한다.

경호는 24시간 이어진다. 퇴근 뒤 관저에서도 마찬가지다. 대통령 식탁에 오르는 음식들은 모두 사전 검식을 거친다. 대통령이 라면을 직접 끓여먹는다는 얘기도 있지만 신빙성이 없다. 누구도 확인해주지 않으니 실제와 다른 말이 많이 돌아다닌다. 조리는 당연히 운영관이 할 일이다.

낱낱이 공개하는 업무비

경호는 초 단위로 이루어진다. 차량은 한순간도 멈추지 않고 정해진 시간에 맞춰 오차 없이 움직인다. 대통령이 참가하는 행사장에서는 주변의 휴대전화가 먹통이 될 수도 있다.

해외 순방 경호는 몇 배 더 고된 일이다. 경호 수준과 문화가 다른 상대국과 호흡을 맞춰야하기 때문이다. 선발대가 먼저 동선을 꼼꼼히 점검하고 사전 준비를 한다. 불시착 같은 돌발 상황 대비책도 마련한다. 배를 탈 일이 있으면 요원들이 미리 물속까지 살핀다. 해외에 나갈 때 전두환 대통령까지는 김포공항으로 갔고, 그 뒤로는 성남에 있는 서울공항을 이용한다. 청와대 대정원과 공항에서 국가의전행사를 할 때는 군악대 악기를 하나하나 불어보게 한다. 위해를 가할 무엇이 있을까 해서다. 노무현 대통령 때부터는 공식행사 외에는 요란한 의전이 사라졌다.

시행착오를 거치며 빈틈을 보완해온 한국의 경호는 이제 세계 최고 수준을 자랑한다. 미국도 인정하는 실력이다. 중국, 러시아, 카자흐스탄, 루마니아, 몽골, UAE, 베트남 등 10여 개 나라에 노하우를 전수할 정도다. 2014년에 프란체스코 교황이 방한했을 때 교황청 경호 관계자들이 한국 경호 과정을 보고 눈이 둥그레졌다. 그 뒤 방문국과 사전 경호협의를 할 때 교황청이 하는 말이 있단다. "자세한 사항은 한국 대통령 경호실에 물어보세요."

전용기, 헬기, 승용차, 특별열차 같은 기동장비는 최고 수준이

2014년 프란체스코 교황이 방한했을 때의 경호 현장. (사진 출처: 대통령 경호처)

다. 현대자동차가 만든 리무진과 현대로템이 만든 열차도 이용한다. 한국 기술력이 그만큼 발전했다는 의미다.

달라진 경호처는 이제 업무비까지 낱낱이 공개한 다. 2022년 1분기 처장 업무추진비는 총 5건 148만 4330원이다. 간담회 2건에 54만 원. 회의 3건에 94만 4430원을 썼다. 2분기에는 간담회, 대외업무협의, 회의비로 모두 869만 5050원을 썼다.

백악산 아래 청와대 전경.

7장

동네 한 바퀴
- 청와대 서쪽

등산복 입은 아줌마 아저씨 부대

갑자기 동네가 시끄러워졌다. 동네 음식점들에 손님이 늘기 시작했다. 단골들이 아니다. 노년층과 등산복 차림의 중년층이 많다. 편의점들은 생수와 음료수 매출이 두세 배씩 뛰었다. 본래 조용하던 동네가 청와대 개방 이후 크게 달라졌다. 주말에는 경복궁 나들이나 데이트하러 오는 이들이, 주중에는 퇴근길 직장인들이 삼삼오오 다닐 뿐인 동네였다. 이제는 요일을 가리지 않고, 점심이고 저녁이고, 밥집이건 찻집이건 손님이 넘친다. 평일에도 주말 매출을 올리는 가게가 많다. 한가하던 통인시장에도 관람을 마치고 느지막이 점심을 먹으러 오는 이들의 발길이 이어지고 있다. 고궁박물관도 낙수효과를 입어 중년 관람객이 크게 늘었다.

관람 신청이 몰리자 현대판 봉이 김선달까지 등장했다. 무료입장권을 돈 받고 파는 암표장사다. 온라인 중고거래 사이트에서는 개방 당일인 5월 2일 입장권이 5만 원에 팔렸다. 그 뒤로도 꾸준히 거래가 이루어지고 있다. 물론 편법이다. 당첨된 모바일 바코드를 타인에게 전달할 수 있고, 입장할 때 개인정보를 확인하지 않는 허점을 노린 상술이다.

관람객은 전국에서 밀려든다. 효자동 분수대 근처에는 지방 번호판을 단 전세버스들이 줄을 잇는다. 앞 유리에는 노인회나 부녀회 같은 표식이 많다. 가만히 있을 관광업계가 아니다. 하루 7만 원에 부산과 서울을 오간다. 아침 6시 30분에 떠나 밤 10시에 출발지로 돌아가는데 간식까지 네 끼를 제공한다. 이 틈을 타 노인들을 겨냥해 1~2만 원만 내면 청와대를 구경시켜 준다는 사기성 관광까지 등장했다. 버스는 중간에 녹용 같은 건강식품이나, 매트나 베개 같은 물건을 파는 매장에 들른다. 엉겁결에 물건을 떠안고 끙끙 앓으며 청와대 정문만 보고 왔다는 사례도 있다.

생각과 달리 청와대 관람은 많은 시간이 걸리지 않는다. 2시간 정도면 여유 있게 돌아볼 수 있다. 모처럼 큰맘 먹고 나선 길이라면 짧은 관람에 갈증이 날 만하다. 방법은 있다. 관람을 마치고 주변 동네를 슬슬 한 바퀴 걷는 것이다. 어차피 밥도 먹고 차도 마셔야 하니까. 게다가 청와대 안에는 식당도 편의점도 없다.

청와대가 있는 종로구는 17개 행정동과 87개 법정동이 속해 있다. 청와대 경복궁 인근의 행정동(법정동)만 살펴보면 이렇다. 청운효자동(청운동, 신교동, 궁정동, 효자동, 창성동, 통인동, 누상동, 누하동, 옥인동), 사직동(사직동, 체부동, 필운동, 내자동, 통의동, 적선동, 도렴동, 당주동, 내수동, 신문로1가, 신문로2가, 세종로), 삼청동(삼청동, 팔판동, 안국동, 소격동, 화동, 사간동, 송현동), 부암동(부암동, 신영동, 홍지동), 가회동(가회동, 재동, 계동, 원서동). 동마다 행정복지센터가 있지는 않다. 행정동에 있는 행정복지센터에서 인근 몇 개의 법정동을 묶어 관리하기 때문이다. 동네는 작은데 법정동은 많다. 그만큼 역사가 오래됐고 구석구석마다 사연이 박혀 있는 지역이니 서울 역사를 농축한 타임캡슐이라 할 만하다.

백악산과 인왕산 일대는 경복궁과 관청들이 가깝고 풍광이 수려해 조선 왕족과 사대부들의 집과 별장이 많았다. 이제는 옛 모습을 찾기 힘들지만 그래도 보존 가치는 여전하다. 2009년 12월 문화재청은 백악산 일대 360만 제곱미터를 명승 제67호로 지정했다.

동쪽에는 한양 최고 경승이었다는 삼청동과 팔판동, 소격동, 화동, 사간동, 송현동, 안국동이 있다. 조선 시대 어깨에 힘깨나 주던 사대부들이 살던 동네다. 일대를 포함한 북촌은 상층 양반 문화의 본산지라 할 수 있다. 서쪽에는 청운동, 옥인동, 신교동, 궁정동, 효자동, 창성동, 통의동, 체부동, 적선동, 누상동, 통인동, 누하동, 필운동, 무악동, 사직동이 있다. 인왕산 아래 경복궁 서쪽 동네를 흔히 서촌이라고 부른다. 궁궐과 관련한 다양한 일을 하는 사람들이 모여 살아 북촌보다 자유롭고 열린 공간이었다. 일제강점기에는 친일파와

식민지 지식인들이 자취를 남겼고, 해방공간과 한국전쟁기에는 좌우 이념 대립의 공간이 되기도 했다.

토박이들에게 청와대와 경복궁은 복이자 애물단지다. CCTV가 촘촘하게 깔려 있고 경찰 병력이 지켜주니 치안은 24시간 내내 나무랄 데 없다. 밤이 되면 인적이 뜸해져 시골처럼 조용하기도 하다. 그 뒤에는 생활의 불편이 있다. 땅 주인의 반대로 관을 묻지 못해 도시가스가 들어가지 않는 집도 있다. 무엇보다 주차공간이 턱없이 모자라다. 약속이 있다고 차를 가지고 갔다가는 당황한다. 소규모 공공주차장은 거주자 우선이다. 이웃사촌은 무슨, 주차전쟁에는 자비가 없다. 빈자리가 있다고 대충 세웠다가는 금세 가게 주인이 튀어나오거나 딱지 떼이기 십상이다. 주차장이 부족한 이유가 있다. 땅 밑을 파기 힘들기 때문이다. 일대는 대개 문화재 시굴 조사 대상지다. 집을 지으려면 먼저 땅의 10퍼센트 정도를 1~2미터가량 파서 살핀다. 이때 무언가 나온다면 정밀 발굴조사에 들어간다. 진짜 문화재라도 나온다면 대개 그대로 덮는다. 내 집이라고 마음대로 고치지도 못한다. 서울시에서 주는 한옥 수선지원금을 받으려면 창틀은 나무로 만들어야 하고, 대문은 폭이 같은 양 여닫이로 해야 하고, 외벽에 타일이나 벽돌을 못 쓰고, 담장에는 기와를 얹어야 한다. 온갖 규제와 규정에 묶여 있으니 집이 무너질 지경인데도 새로 짓거나 수리하지 않고 사는 이들이 많다.[38]

사실 삼청동과 계동 같은 북촌, 효자동과 통인동 같은 서촌에 있는 한옥 대부분은 조선 시대 한옥과 거리가 멀다. 광복과 한국전쟁을 거치며 서울이 급격하게 팽창하던 시기에 집장사들이 뚝딱뚝딱 지은 집들이다. 비슷한 크기에 모양이 닮은 집들이 다닥다닥 붙어 있는 이유다. 배신감을 느낄 이유는 없지만 구경 다닐 때 조심할 점은 있다. "우와, 어머, 서울 한복판에 이런 동네가 다 있네. 여기 사는 사람들은 좋겠다…." 신나게 떠들며 골목을 기웃대다 아무집 대문이나 불쑥 열었다가는 봉변당할 수도 있다. 눈을 마주친 주인이 이렇게 말할지도 모르니. "재미있어? 그렇게 재미있냐고?"

작정하면 하루에 조선 시대와 일제강점기, 광복 이후 지금까지 켜켜이 쌓인 역사를 돌아볼 수 있다. 다리는 팍팍하겠지만 동네 내력을 알고 다니면 시간 가는 줄도 모른다.

고갯마루에 종로경찰서장 동상, 청운동

청운동은 경복궁과 청와대 서쪽의 맨 꼭대기 동네다. 청풍계(淸風溪)의 '청'과 백운동(白雲洞)의 '운'을 더해 만든 이름이다. 백운동은 자하문 바로 아래로 인왕산과 백악산이 서로 맞닿은 지점이다. '흰 구름이 아름답다'고 붙은 이름인데 행정구역상 명칭은 아니다. 백운동 아래 인왕산 쪽에 맑은 바람이 부는 계곡이라는 뜻을 가진 청풍계가 있다. 청운초등학교 뒤쪽인데 지금은 대부분 주택이 들어서 겸재 그림 속의 절경은 찾아볼 수 없다.

청풍계의 건너편 장동은 조선 권세가문인 장동 김씨 터전이었다. 장동은 통의동, 창성동, 효자동, 궁정동, 청운동과 청와대 일대를 포함한 지역의 옛 이름이다. 일대의 안동 김씨를 장동 김씨라고 부르는 이유다. 김상용(1561~1637)과 김상헌(1570~1652) 형제가 살던 동네다. 김상용은 병자호란 때 임금 일가를 모시고 강화도로 피난 갔다가 성이 함락되자 순절했다. 동생 김상헌도 항복을 거부한 척화파의 대표다. 그럼에도 청풍계 쪽 김상용, 장동 쪽 김상헌 가문은 온전히 이어졌다. 숱한 문장가와 화가들이 인왕산과 백악산 일대 풍경을 작품으로 남겼다. 겸재 정선이 그린 《장동팔경첩(壯洞八景帖)》도 그중 하나다. 청풍계, 필운대, 대은암, 청송당, 독락정, 자하동, 수성동, 취미대가 그림에 등장하는 팔경이다. 정선의 그림은 서촌 일대의 옛 모습을 유추하는 데 좋은 자료다.

청운초등학교 뒤에서 인왕산 쪽으로 올라가는 길 끝이 청풍계다. 예전에 이 길은 계곡 물길이었다. 현대에 들어서도 일대는 고급 주택지로서 명성이 여전하다. 근래에는 한국생사 김지태 회장 집이 가장 컸다. 높이 쌓은 축대 위 드넓은 대지에 지은 건물이 으리으리했다. 김지태 회장은 적산을 인수해 덩치를 불린 부산 경제 거물이었다. 한때 17개 공장을 거느려 일본 편창에 이은 세계 2위 제사기업군을 만들며 '실크 황제'로 불렸다. 5.16쿠데타 뒤 부정축재범으로 몰리며 부산일보, 부산MBC, 부일장학회 등의 재산을 정부에 헌납했다. 이를 바탕으로 만든 5.16장학회는 뒤에 정수장학회로 이름을

정선이 그린 《장동팔경첩》 안에 있는 〈청풍계〉. (그림 출처: 국립중앙박물관)

바꿨다. 대통령이 되기 전 박근혜가 1995~2005년까지 이사장으로 있던 장학회다. 김지태 회장 집은 이제 여러 필지로 나뉘어 각각 다른 집들이 들어서 있다. 극동그룹 회장, 제일물산(명동 제일백화점, 코스모스백화점) 사장 집도 청풍계에 있었다.

맨 끝에 현대그룹 정주영 회장 집이 있다. 1962년에 지은 2층짜리로 317제곱미터니 100평이 안 된다. 마당 옆에 있는 큼지막한 바위에 '양산동천(陽山洞天)'이라는 글자가 새겨져 있다. 인왕산 양지 쪽으로 볕이 잘 들고, 신선이 살 만큼 경치가 아름다운 곳이라는 의미다. 그 옆에 새겨진 남거유거(南渠幽居)는 조선 시대 남양군수를 지낸 남거 장호진이 살았다는 흔적이다. 매년 정주영 회장 기일이면 가족들이 이곳에 모여 제사를 지낸다. 지금의 소유주는 정의선 현대차 회장이다. 똑같은 형태의 집을 두 채 지어 위는 정주영 회장이, 아래는 먼저 세상을 뜬 동생 미망인이 살게 했다. 뒤쪽 계곡은 인왕산 최고 절경으로 1960년대만 해도 동네 아이들이 가재를 잡고 놀았다. 성북동 주택단지는 여기보다 한참 뒤에 생겼다.

자하문에서 가까운 윤동주 문학관 맞은편에 동상이 하나 서 있다. 1.21사태 때 북한 무장공비들과 총격전을 벌이다 숨진 최규식 종로경찰서장이다. 당시 함께 숨진 정종수 경사 기념비도 그 곁에 있다.

겸재가 일대를 많이 그린 이유는 여기서 나고 자랐기 때문이다. 경복고등학교 안에 있는 터에서 태어나 인왕산 아래 군인아파트 쪽으로 이사해 84세까지 살았다. 송강 정철은 청운초등학교 터에서 태어났다. 이 동네에 있는 경복고는 1921년 경성제2고등보통학교로 세워진 뒤 이름을 바꿨다. 일제강점기에 가장 먼저 생긴 관립 고등보통학교는 경성고보(경기고 1899년), 다음이 평양고보(1909년), 세 번째가 대구고보(경북고 1916년)였다. 경기상업고등학교는 동숭동에 있다가 1926년에 이 동네로 이사 왔다.

1968년에 일어난 1.21사태는 백악산과 인왕산 일대 풍경을 크게 바꿔놓았다. 청와대 경호 목적으로 군 초소 30여 개가 들어서고 시민 출입을 막았다. 시간이 흘러 등산로가 열리기 시작하며 성곽을 따라 늘어서 있던 초소 수는 줄어들었다. 2018년 문재인 정부 때는 2곳이 남았다. 지난 역사를 기록한다는 의미였다. 그중 하나가 인왕3분초다. 분초(分哨)는 초병 부대 최소 단위다. 병사들이 내무반으로 쓰던 공간이라 등산로에서 떨어진 계곡 산비탈에 숨어 있다. 리모델링을 통해 등산객과 주민들의 쉼터가 됐다. 헬리콥터로 건축자재를 가져다 공사했다. 앞과 양옆의 통유리를 통해 보이는 인왕산 숲이 시원하다. 한국건축가협회가 매년 완성도 높은 건축물 7곳을 선정하는 '2021 베스트7'에 뽑혔다.[39]

인왕3분초 아래 인왕산길에는 초소책방이 있다. 이곳 역시 청와대 방호를 위한 경찰 초소가 있던 자리다. 제법 공간이 넓어 밖에는 정원도 있다. 공사를 하며 외벽 일부, 철제 출입문, 보일러 기름탱크를 남겨놓아 옛 초소의 흔적을 볼 수 있다. 사방이 유리로 되어 있어 뒤로 인왕산, 앞으로는 청와대 경복궁은 물론 남산과 관악산까지 서울 시내 곳곳을 내다볼 수 있다. 주차 공간이 몇 대 안 돼 차 가지고 갔다가는 하염없이 기다릴 수도 있다. 서촌 일대를 구경하며 수성동 계곡을 통해 슬슬 올라가거나, 경희궁 옆 인왕산로를 따라 가는 편이 속 편하다.

하루아침에 사라진 시위대, 신교동

자하문로는 청계천으로 흘러들어가는 백운동천 물길을 덮어 만들었다. 경복궁역 2번 출구와 3번 출구 가까이 백운동천을 건너는 금천교(금청교)가 있었다. 신교동은 금천교 다음에 새로 놓인 다리가 있는 동네라서 붙은 이름이다. 신한은행 효자동 지점 앞에 있던 이 다리는 백운동천이 아스팔트로 덮이며 없어졌다. 1970년에 자하문로를 넓히다가 난간석들을 발견해 청운초등학교 안으로 옮겨 놓았다.

이곳에는 국립서울농학교와 국립서울맹학교가 자리 잡고 있다. 맹학교는 한국 첫 시각장애인 국립특수학교다. 서대문구 천연동에 있다가 1931년 지금 장소로 옮겨왔다. 1959년에 서울농학교와 서울맹학교로 나누어졌다. 청와대 앞에서 날이면 날마다 이어지는 시위로 학생들 고통이 컸다. 시각장애인들은 미세한 소리에도 민감하게 반응한다. 확성기는 이들에게 흉기나 다름없다. 대통령 집무실 이전으로 평온을 되찾았다.

이 동네 있는 푸르메재단은 장애인들의 재활과 자립의 꿈이 익어가는 희망 공간이다. '돈키호테' 백경학 이사가 기적을 일궈냈다. 그는 이 땅에 변변한 재활병원 하나 없다는 사실을 아내가 교통사고를 당한 뒤 알았다. 가족만이 아니라 장애로 고통받는 모두를 위해 해보자고 나섰다. 될까, 정말 될까 하던 일을 해냈다. 5년 만에 1만여 명의 시민과 500여 기업, 단체, 지자체의 후원을 모아 2015년에 넥슨어린이재활병원을 세웠다. 고인이 된 김정주 넥슨 창업자가 200억 원이 넘게 후원했다. 병원 앞에 넥슨이라는 이름이 붙은 이유다. 여기서 매년 15만 명이 넘는 아이들이 치료받으며 더 나은 미래를 꿈꾼다. 발달장애를 가진 청년들이 채소를 기르고 빵을 만들어 파는 여주 스마트농장도 운영한다.

이승만 정부 시절 육군특무대가 이 동네에 있었다. 기세등등한 군인들이 지프차를 타고 드나들었다. 당시 특무대장은 이승만이 총애하던 김창룡이었다. 일본군 헌병 오장(伍長) 출신으로 이승만 정부 때 공산주의자 색출에 뛰어난 수완을 발휘했다. 남로당에 연루된 박정희까지 체포했으니 말이다. 1956년 출근길에 총을 맞고 죽었다. 보고를 받은 이승만은 "나라가 망했군, 나라가 망했어" 하며 시신이 안치된 부대까지 찾아가 애도했다.[40]

육군특무대는 육군방첩부대(1960년), 육군보안사령부(1968년), 국군보안사령부(1977년), 국군기무사령부(1991년), 군사안보지원사령부(2018년)로 이름을 바꿔왔다. 뒤에서 이야기할 독립운동가 이회영 기념관도 이 동네에 있다.

부역자들의 흔적, 옥인동

청운동과 신교동의 남쪽 동네가 옥인동이다. 조선 시대 지명인 옥류동과 인왕동이 합쳐져 생긴 동네다. 옥류동 가운데를 흐르는 옥류천과, 인왕동 가운데를 흐르는 수성동천이 만난 뒤 백운동천으로 들어간다. 대한제국 이전에 청풍계, 수성동 계곡, 옥류동 계곡 일대는 사대부 가문이나 경제력을 갖춘 중인들의 집이 성기게 있는 한적한 동네였다.

수성동 상류에는 안평대군 집이 있었다. 그 집 앞 계곡을 건너는 돌다리가 기린교다. 교각 없이 긴 돌 2개를 뉘어 놓은 소박한 다리인데 어느 때인가 사라졌다. 온갖 소문이 돌았지만 행방을 알 수 없었다. 2009년에 영화 같은 일이 일어났다. 일대 환경을 복원하려 1971년에 지은 옥인아파트를 철거할 때였다. 아파트 뒤에 가려 있던 다리 모양의 돌이 드러났다. 조사해보니 바로 기린교였다. 서울시는 이때까지 엉뚱한 돌다리를 기린교라고 단정해 유형문화재로 지정하고 있었다. 실물의 등장 덕에 일대 전체가 서울시 기념물이 됐다.

옥류동천 위쪽에 시인이자 서당 선생 천수경(1758~1818)이 송석원(松石園)이라는 이름의 집을 짓고 살았다. 여기서 장혼, 김낙서, 지덕구, 김의현 같은 중인들이 모여 시문을 즐겼다. 어느 날 모임의 낮 풍경을 이인문이, 밤 풍경을 김홍도가 그림으로 남겼다. 장동 김씨 세거지지였던 이 일대는 뒤이어 고종 시절 세도가인 여흥 민씨가 차지했다. 조선이 망한 뒤에는 친일파 윤덕영이 장악한다. 당시 조선총독부 관보에 '의조선귀족령 수자작 훈 1등 윤덕영'이란 기록이 나온다. 매국 1등 공신이라는 인증이다. 윤덕영 동생이자 순종의 장인 윤택영은 후작, 이완용은 백작, 민병석·박제순·송병준·윤덕영은 자작을 받았다. 윤덕영은 은사금(수고료)으로 공채증권 46만 원을 받았다. 다른 자작들의 15배가 넘는 금액이다. 당시 1원이 지금의 5만 원 정도 된다니 지금 돈으로 수백억 원을 챙긴 셈이다.[41] 윤덕영은 1910년부터 옥류동 계곡 일대를 사들이기 시작해 1927년에는 옥인동의 절반이 넘는 1만 9467평(약 6만 4353제곱미터)을 차지했다. 여기에 프랑스 공사를 지낸 절친 민영찬에게서 얻은 프랑스 귀족집 설계도로 벽수산장을 지었다.[42] 경복궁을 내려다보는 자리다. 윤덕영이 딸 부부에게 지어준 벽수산장 내 2층 양옥이 지금의 박노수 미술관이다.

〈동아일보〉 1921년 7월 27일자 기사는 '명물 아방궁 조선 제일 사치한 집'이라는 부제로 "공사 시작 10년이 넘었고 공사비도 30만 원 이상인데 아직도 준공되지 못했다"고 전한다. 〈조선일보〉는 1926년 5월 31일자에 '불국귀족(佛國貴族)의 저택설계로 조선 한양에 아방궁 건축'이라는 제목의 기사를 싣는다. 당시 장안과 언론의 대단한 화제였던 셈이다. 경계 내에 19채의 건물이 있었는데 본채는 한옥이었다. 수성동 계곡 쪽에 붙은 200평이 넘는 연못에서는 뱃놀이까지 할 수 있었단다. '아방궁', '한양궁'이란 말이 떠돌며 여론이 심상찮게 돌아가자 윤덕영은 이를 중국 신흥종교 홍만자회 조선지부에 빌려주었다. 자신이 조선지부의 주석이었으니 눈 가리고 아웅이었

인왕산 아래 옥인동에 있던 친일파 윤덕영의 집 벽수산장. 아방궁이라 불릴 정도로 화려했다. 경복궁을 내려다보는 위치에 있었다. 사진은 1926년 〈조선일보〉에 실린 벽수산장의 모습이다.

다. 하지만 윤덕영은 1935년에 완공한 이 집에서 오래 살지 못하고 1940년에 죽었다. 양아들 윤강로는 광복 직전에 이를 미쓰이 광산에 팔았다. 광복 뒤 덕수병원이 됐다가 한국전쟁 때는 북한군, 서울 수복 뒤에는 미군장교 숙소와 UN한국통일부흥위원단(UNCURK) 청사로 쓰였다. 1966년 불이 나 폐허가 된 뒤 1973년에 일대 정비사업을 하며 여러 주택들이 들어섰다. 지금의 필운대로9길 양쪽이다. 한국 근현대사의 풍파를 압축해서 보여주는 장소다.

이완용은 벽수산장 아래 땅 3700평(약 1만 2231제곱미터)을 차지했다. 지금의 통인시장 북쪽, 국민은행 청운동 지점과 옥인교회 일대다. 1913년 이 터에 경계 삼엄한 집을 짓고 살다가 1926년에 천수를 다하고 죽었다. 이완용 집은 광복 뒤 미군속이 차지했다. 바깥채에 이화여전 영문과를 나와 미군정 통역관을 하던 김수임이 살았다. 그와 동거하던 미군 헌병대사령관 존 E. 베어드가 마련해줬다. 김수임은 이화여전 절친 모윤숙이 만든 미군장교 상대 사교모임인 낙랑클럽, 달리 말하자면 로비단체의 핵심이었다. 이승만이 클럽을 후원했고 총재는 김활란이었다. 이처럼 배경 든든한 김수임을 반공검사 오제도가 간첩 혐의로 체포한다. 1950년 4월 6.25전쟁이 일어나기 직전이었다. 베어드를 통해 얻은 정보를 남로당에 넘겨줬고, 베어드의 차로 이강국의 월북을 도운 혐의였다. 김수임과 이강국은 애인 사이였다. 서울을 포기한 이승만 정부는 6월 27일 좌익 관계자들을 서둘러 사형한다. 김삼룡, 이주하, 성시백과 함께 김수임도 이날 형장의

〈매일신보〉에 실린 이완용의 집 사진. 뒤에 있는 인왕산이 아니라면 서양의 어느 건물이라고 해도 되겠다.

이슬로 사라졌다. 훗날 밝혀진 미 육군성 기밀문서는 간첩 혐의를 '입증할 수 없는 사실'이라고 기록하고 있다. 이강국은 초대 북한 외무상을 지냈는데 미군 스파이로 몰려 처형됐다. 이데올로기 전장에서 소모품으로 쓰이다가 용도 폐기당한 셈이다. 물고 물리는 역사였다. [43, 44]

이완용 집은 흉가가 되어 1960년대 초까지만 해도 비어 있었다. 정원수들이 제멋대로 자라 스산한 기운이 도니 동네 개구쟁이들도 담을 넘지 않았다. 지금 그 자리에 있는 2층 석조건물은 2003년에 지어 이완용과는 상관없다.

포개 놓은 바위 둘, 그가 죽은 자리 궁정동

궁정동은 청와대 서쪽 끝에 있는 칠궁 근처다. 육상궁의 '궁'과 온정동(溫井洞)의 '정'을 더해 만든 이름이다. 육상궁은 영조를 낳은 숙빈 최씨의 신위를 모신 궁이다. 온정동은 효자동 부근인데 겨울에도 더운 김이 나는 우물이 있어 얻은 이름이다. 궁정동에는 나이 많은 나무들이 많다. 칠궁 안에는 300세가 넘은 주목, 500세 정도 되는 느티나무가 있다. 오랫동안 일반인이 드나들 수 없던 곳이라 그런지 보호수로 지정하지 않았다. 칠궁 밖에는 보호수 세 그루가 있다. 경호원 숙소인 대경빌라 B동 가까이에 붙어 있는 중국굴피나무와 느티나무, 무궁화동산 입구에 있는 회화나무다. 분수대에서 칠궁

칠궁 앞 회화나무. 왼쪽에 무궁화동산이 있다.

을 지나 백악산 옆을 남북으로 관통하는 길이 창의문로다. 1968년
1.21사태 뒤에 청와대 경호를 위해 냈다. 보호수들이 서 있는 자리는
이 길이 나기 전에는 칠궁 안이었다.

칠궁 입구 길 건너가 무궁화동산이고 그 안에 김상헌 집터가 있
다. 인조 때, 김상헌은 청이 명을 치기 위해 조선의 출병을 요구하자
반대 상소 올렸다가 청나라로 끌려갔다. "가노라 삼각산아 다시 보
자 한강수야 고국산천을 떠나고자 하랴마는 시절이 하 수상하니 올
동말동 하여라" 그가 서울을 떠나며 읊은 이 시조를 알면 연식이 좀
있는 분들이다.

무궁화동산에 있는 박정희 대통령 시해 터. 어떤 표식도 없어 동네 사람들도 알지 못한다.

무궁화동산에는 옛 중앙정보부(현 국가정보원) 부속 건물인 안가가 있었다. 1979년 10월 26일 여기서 박정희가 김재규의 총을 맞고 생을 마감했다. 1993년 2월 김영삼 대통령 시절에 이곳의 안가를 모두 부수고 공원으로 만들었다. 현장에는 그날의 비극을 말해주는 어떤 표식도 없다. 당시 공원을 조성하던 이가 바위 두 개를 포개 놓고, 그 위로 가지를 드리운 소나무 한 그루를 심었다. 이 사정을 아는 사람만 안다. 바로 옆이 앞서 얘기한 김상헌 집터다.

강제로 빼앗아간 효자동이발소

장인용 지호출판사 전 대표는 통인동에서 태어나 효자동과 청운동에서 오래 살았으니 토박이를 넘어 골수 서촌사람이라 할 만하다. 어린 시절 이 일대에서 놀던 기억이 또렷하다.

"어려서 효자동에 살 때였어요. 어느 날 어머니가 뛰어 들어와 방문을 닫더니 저한테 이불을 씌우는 거예요. 무슨 일인지도 모르고 그저 신나서 이불 안에서 활개 치며 놀았지요. 철들어서야 4.19혁명임을 알았어요. 이승만 하야를 외치는 시위대가 경무대 앞까지 진출하자 발포를 한 날이었어요. 밖에서 총소리가 요란하자 유탄이 날아올까봐 어머니가 놀랐던 거지요."

당시만 해도 전차가 다녔다.

"지금의 분수대 근처 청와대 들어가는 길 입구에 종점인 효자역이 있었어요. 어릴 때는 전찻길이 동네 애들 놀이터였지요. 철길 위에 못을 올려놓으면 지나가는 전차 바퀴에 깔려 납작해지잖아요. 그 못으로 칼을 만들어 놀았어요. 그렇게 없앤 못이 반 포대는 될 거예요."

대한제국 때인 1899년 서울에 전찻길이 처음 생겼다. 서대문~종로~동대문~청량리를 오가는 8킬로미터 구간이다. 새로운 문물이 신기해 하루 종일 타는 승객이 있었고, 소문을 듣고 지방에서 올라오는 사람들도 많았다. 하지만 개통 며칠 만에 종로에서 어린애가 치어 죽자 노한 시민들이 전차를 부수고 불 지른 사건도 일어났다.

1910년 한일병합 이후 노선이 크게 늘었다. 1923년 일제는 효자로에도 전찻길을 내며 경복궁 남서쪽 모서리에 있던 서십자각을 헐었다. 동남쪽 모서리에 있던 동십자각은 1929년 박람회를 열 때 도로를 내며 지금처럼 섬이 되었다. 이 둘은 궁궐을 드나드는 관원들을 관찰하던 곳이다.

전차는 중일전쟁, 제2차 세계대전, 한국전쟁 때도 명맥을 이어갔다. 운임이 싼 마땅한 대중교통 수단이 없었기 때문이다. 하지만 전후에 서울 인구와 차량이 크게 늘며 속도가 느린 노면전차는 교통 흐름을 막는 미운 오리 새끼가 되어갔다. 하나둘 노선이 사라지기 시작했다.

1966년 9월에는 세종로 지하도 공사를 시작하며 숭례문~효자동, 서대문~종로 노선 운행을 중지했다. 도로 정비를 내세워 숭례문~효자동 구간은 콘크리트로 궤도 위를 덧씌워버렸다. 효자로 아래는 지금도 철로가 고스란히 묻혀 있다는 얘기다. 10월 31일 린든 존슨 미국대통령이 서울에 오기 직전이었다. 존슨 대통령이 공항에서 서울시청까지 오는 이 길에 180만 명이 늘어서 태극기와 성조기를 흔들었다. 당시 서울 인구가 350만 명 정도였으니 총력 동원을 한 셈이다. 1968년 11월 30일 서울 전차는 역사 속으로 사라졌다. 대중교통 수단이 버스만 남자 이때부터 서울은 교통지옥이 됐다. 1974년 지하철 1호선을 선두로 지하철 시대가 열리며 숨통이 트였다.

"백악산과 인왕산을 잇는 스카이웨이는 1.21사태 이후 청와대를 보호하기 위해 군사 목적으로 만든 길이지요. 칠궁 옆으로 난 길을 따라 버스가 자하문 쪽으로 올라갔고요. 자하문 옆에 백악산으로 올라가는 등산로가 있었어요. 영화 〈효자동 이발사〉에 나오는 이발소는 전차 종점 왼쪽에 있었어요. 지금의 무궁화동산 자리에도 이발소가 하나 있었고요. 조그만 이층 건물인데 저도 거기서 머리를 깎았어요. 그 바로 옆에 붙어 있는 삼표연탄집 주인이 이발소 건물을 사려고 했는데 이발사 아저씨가 죽어도 못 판다고 버텼지요. 그러다가 중앙정보부에서 강제로 빼앗아 안가를 만들었고 거기서 박정희와 차지철이 죽었어요. 연탄가게 주인은 집을 바치고 가스와 철강 사업을 허가받았다고 해요. 저희 외가 식구들도 차지철한테 당했어요. 평창동에 경호원아파트를 짓겠다고 땅을 징발하는 바람에 살던 집에서 쫓겨났거든요. 당시에는 지금보다 청와대 영역이 좁았어요. 전차 종점 뒤 청와대 쪽으로 골목길이 있었고 그 안에 양옥집 7~8채가 있었거든요. 이 집들도 강제 수용했는데 지금의 경호처 건물 자리일 거예요. 김신조가 청와대를 습격하기 전에는 5월 5일이면 청와대를 어린이에게 개방했어요. 놀러 가면 연필하고 공책을 나눠줬어요. 인왕산이나 백악산을 마음대로 다니던 시절이었지요."

사실 〈효자동 이발사〉는 전라북도 부안에 세트장을 만들어 놓고 찍었다.

"청와대 인근은 특혜가 많은 동네였어요. 다른 데는 툭하면 전기가 나가던 시절이었는데 그런 적이 한 번도 없었거든요. 제가 청운국민학교를 다닐 때인데 어느 날부터인가 학교에서 청와대 가는 길 중간중간에 박스를 놓고 담배를 파는 사람들이 생겼어요. 알고

4.19혁명 때 경찰이 시민들에게 처음으로 총을 쏜 현장. 효자동 분수대 광장에 있다.

보니 박근영이 5학년으로 전학을 왔더라고요. 원래는 리라국민학교
인가 사립을 다녔는데 대통령 자식도 공립 다닌다는 걸 보여주고 싶
었던 거지요. 담배 박스는 경호원들의 초소였던 셈이지요. 졸업을 한
뒤에 학교에 연못과 분수를 만들어줬어요. 박지만이 학교 다닐 때도
다시 담배 박스들이 생기더군요."

　　사대부촌인 북촌과 달리 서쪽 영추문 밖에는 궁과 관련한 일을
하는 중인이 많이 살았다. 그때는 효자동을 우스갯말로 '고자동'이
라고도 했다. 임금을 가까이서 모시는 내시들이 살았기 때문이다. 내

시는 궁 안에 사는 장번내시와 궁 밖에 살며 출퇴근하는 출입번내시가 있었다. 법률상 내시제도는 1894년 갑오개혁 때 없어졌다.

분수대 옆 바닥에는 동판 하나가 누워 있다. 자세히 보지 않으면 지나치기 쉽다. 1960년 4월 19일 화요일 오후 1시 40분경, 이승만 독재에 항거하는 시위대를 향해 경찰이 처음으로 총을 쏜 현장이다. 이날 21명이 죽고, 172명이 부상을 입었다. 이를 추념해 2018년에 서울시가 만들었다. 동판은 역삼각형 모양(가로 35센티미터, 세로 35센티미터)이다. 국가 폭력에 대한 저항을 상징한다. 서울시가 선정한 인권 현장 62개소 중 한 곳이다.

공부하다 말고 꽃 들고 뛰어나갔다, 창성동

창성동은 청와대사랑채 남쪽, 경복궁 서쪽 담장을 끼고 있는 동네다. 왕궁에 어류, 고기, 소금, 땔감을 대주는 관청인 사재감(司宰監址)이 있었다.

국민대가 이 동네에 있었다. 광복 뒤 환국한, 신익희 등 임시정부 인사들이 대학 설립을 주도했다. 1946년 3월 발족한 설립준비위원회 참여 인사들을 보면 건학 목표가 드러난다. 회장 신익희, 명예회장 조소앙, 고문 김구·김규식. 상해임시정부 정신을 이어받아 독립국가 건설을 위한 인재를 키워낼 국립대학교가 목표였다. 경성제국대학을 국립서울대학교로 바꾸는 작업을 하고 있던 미 군정청이 곱게 봐줄 리가 없었다. 결국 국립이라는 말을 쓰지 못하고 1946년 9월 1일 국민대학관이라는 이름으로 개교했다. 설립은 했지만 학교 건물이 없어 필운동에 있는 한옥을 빌려 입학원서를 받고, 내수동 보인상업학교 별관을 빌려 첫 강의를 열었다. 그 뒤 체신요원양성소 (지금의 정부서울청사 창성동 별관) 자리에 처음 교사를 마련해 1971년 정릉으로 옮겨가기 전까지 22년 동안 이 동네에 있었다.

박정희 정권 시절에 많은 학교들이 사대문 안에서 강남이나 목동 등으로 이사를 갔다. 동숭동을 비롯해 여러 곳에 단과대학이 흩어져 있던 서울대는 관악산 아래 통합캠퍼스를 마련해 1975년부터 이전을 시작했다. 관악컨트리클럽 골프장이 있던 자리다. 일부가 인사동에 있던 건국대도 떠났다. 고등학교도 경기고(1976년), 휘문고(1977년)를 필두로 줄줄이 짐을 쌌다. 강북 도심 과밀 해소와 서울 균형 발전이 명분이었다. 그 뒤에는 정권의 안전을 위한 계산도 있었다. 학생들이 중심에 선 시위로 이승만 정권이 무너졌으니 말이다. 이 동네 있던 진명여고도 1989년에 양천구 목동으로 이사 갔다. 권부가 코앞이라고 경호실에서 온갖 간섭을 해오던 터였다. 청와대가 보인다고 옥상 출입을 금지하고, 시끄럽다고 운동회도 열지 못했다. 외국 귀빈들이 청와대를 방문할 때면 학생들은 공부하다가도 길거리에 나가 깃발을 흔들었다. 교실 뒤에는 항상 꽃과 외국 국기가 준비되어 있었다. 성조기를 흔들 일이 많았는데 깜빡하고 엉뚱한 나라 국기를 들고 나가 흔드는 학생들도 있었단다. 1958년에 준공한 진명여고 강당 삼일당은 이승만 대통령이 직접 휘호를 내렸다. 국가 기념식과 음악회를 비롯한 각종 공연이 열리던 당대 최고의 문화공간이었다.

백악산에서 내려오는 물길이 이 동네를 지나 경복궁 안으로 들어가 금천이 됐다. 영추문 근처에 서금교(西禁橋)가 있었는데 금천 서쪽에 있는 다리라서 붙은 이름이다.

노블레스 오블리주 통인동 128번지

통인(通引)은 조선 시대 수령 곁에서 잔심부름을 하던 말단 직원이다. 발 빠른 통인들이 살던 동네라 하여 통인동이라는 말도 있지만, 한자 이름은 '通引洞'이 아니고, '通仁洞'이다. 일대의 옛 이름인 통곡에서 '통(通)'을, 역시 이 일대에 있던 인왕동에서 '인(仁)'을 따서 만든 이름이란다.

동네 중심은 통인시장이다. 200미터 길이의 시장 좌우에 가게 70여 개가 늘어서 있다. 일제강점기인 1941년 서촌 주변에 사는 일본인들을 위해 만든 공설시장에서 출발했다. 선거 때나 명절 때가 되면 정치인들이 눈도장 찍으러 다니는 단골장소다. 2014년에는 미국 국무장관 존 케리와 성 김 주한 미국대사가 다녀갔다. 〈무한도전〉의 유재석과 〈스타킹〉의 강호동이 먹방을 펼치기도 했다. 시장 사람들이 공동운영하는 '도시락 카페 통(通)'은 색다른 운영으로 눈길을 끈다. 안내소에서 1개당 500원짜리 엽전을 원하는 만큼 산 뒤, 이를 가지고 시장 내 가맹점을 다니며 구미가 당기는 음식과 바꿔서 공용 공간에서 먹는다. 시장 내 갖가지 음식을 골고루 맛볼 수 있으니 가성비 높은 DIY 도시락인 셈이다. 기름떡볶이는 시장 명물이다.

체부동 금천교시장에도 1970년대부터 무쇠뚜껑을 놓고 기름떡볶이를 파는 가게가 있었다. 6.25가 터지기 전, 주인장 김정연 할머니는 개성에서 잠시 서울에 내려왔다가 돌아가지 못했다. 북에 두고 온 딸 셋을 그리워하며 혼자 살다가 2015년에 눈을 감았다. 전세금 7000만 원을 비롯한 전 재산을 사회에 환원하고서였다.[45]

시장 입구에 있는 효자아파트는 1969년 11월 15일 완공했다. 낙원상가아파트, 청계천 삼일아파트, 윤동주 언덕 자리에 있던 청운아파트와 동갑이다. 한국 첫 주상복합아파트인 세운상가가 1968년에 생겼으니 꿀리지 않는 나이다.[46] 계단 옆에 있는 나무로 만든 우편함이 연륜을 말해준다. 아파트가 없던 시절이라 인기가 대단해 청와대 직원, 연예인, 방송인들이 살았다. 5층짜리로 2층까지는 상가로 쓴다. 옥상에 올라가면 인왕산과 백악산 아래 서촌 일대를 두루 살필 수 있다. 주변이 고도제한구역이라 높은 건물을 지을 수 없는 덕을 톡톡히 본다. 이 동네에 세종의 아버지인 태종이 왕위에 오르기 전에 머물던 사저가 있었다. 세종도 여기서 태어난 서촌 사람이다.

통인동 154-10번지, 우리은행 지점 뒤 수성동 계곡 들어가는 길 초입에 문화공간 '이상의 집'이 있다. 시인이자 소설가 이상(본명 김해경, 1910~1937)이 세 살 때 큰아버지에게 입양돼 22년을 살던 집터의 일부다. 2004년 국가등록문화재로 지정됐다가 4년 뒤에 취소됐다. 조사를 해보니 그가 죽고 난 뒤 헐어내고 새로 지은 건물임이 드러나서다. 시인에게 여자가 있었다. 이화여대 영문과를 다니던 변동림(1916~2004)이었다. 시인의 친구로 끝까지 서로를 챙겨준 화가 구본웅(1906~1953)의 나이 어린 이모였다. '우리 같이 죽을까, 어디 먼 데 갈까.' 시인다운 사랑 고백을 했다. 가족의 반대에 부딪힌 변동림은 인연을 끊고 집을 나온다. 하지만 결혼 넉 달 만에 동경으로 떠난 시인이 결핵을 이기지 못하고 숨진다. 방황하던 변동림은 황해도로 떠나 몇 년 초등학교 선생을 한다. 그러던 중에 화가 김환기(1913~1974)를 만난다. 딸 셋이 있는 이혼남이었지만 결국 재혼하며 이름을 김향안으로 바꾼다. 향안은 김환기의 호다. 둘은 파리를 거쳐 뉴욕에 정착한다. 부암동 환기미술관은 화가가 세상을 뜬 뒤 아내가 만들었다. 둘은 지금 뉴욕 허드슨 강변 웨스트체스터 묘지에 나란히 누워 있다.

통인동 128번지는 신흥무관학교를 세우고 독립운동에 몸 바친 이회영 선생과 인연이 깊다. 선생은 백사 이항복의 후손으로 명동과 숭례문 일대 큰 땅을 소유한 부자 중의 부자였지만 전 재산을 처분해 압록강을 건넜다. 선생의 6형제 중 5형제가 순국했다. 가장 많은 독립자금을 내놨던 둘째 형 이석영 선생은 아사했다. 이회영 선생은 일본 관동군사령관을 암살하려다가 붙잡혀 고문 끝에 숨졌다. 아내 이은숙 여사 또한 독립자금을 마련하려 고무공장에 다니고 삯바느질도 마다하지 않았다. 128번지는 독립자금을 마련하려 국내에 다시 잠입한 선생이 숨어 지낸 집이다. 주인은 제자 윤복영이었다. 이 집은 광복 뒤 선생의 살아남은 가족 본적지가 됐다. 선생의 손자가 이종걸 의원이다. 통인동 132번지에는 시민운동단체 참여연대가 있다.

3층 건물인데 지하가 16미터, 통의동

윤석열 정부는 대통령직인수위원회를 금융감독원연수원과 금융연수원에 차렸다. 이름은 비슷하지만 전자는 통의동에 있고 후자는 삼청동에 있다. 박근혜 대통령 인수위도 이곳을 사용했다. 청와대와 정부기관들이 주변에 몰려 있고 여유 공간이 있기 때문이다. 인수위 사무실을 나서면 바로 먹자골목이다. 윤석열 대통령이 당선자 시절 인수위 사람들과 김치찌개를 먹고 걷던 길이다.

건물들마다 사연이 한 다발이다. 영추문 앞 아트스페이스3 갤러리(효자로7길 23)가 들어 있는 건물은 2017년에 완공했는데 겉과 속이 다르다. 공사를 할 때 땅을 파니 아니나 다를까 조선 시대 집터가 나왔다. 그것도 4개나. 고심 끝에 더 깊이 파고 집터를 그만큼 내렸으니 건축비가 예상을 훨씬 초과했다. 덕분에 방문객들은 강화유리 위를 걸어 다니며 조선 시대 유구를 구경하게 됐다. 지상 3층 건물이 지하로 16미터나 들어간 이유다. 경희궁 길에 있는 출판사 일조각도 조선 시대부터 해방공간의 유구를 지하에 그대로 간직하고 있다.

'미성년자는 입장해서도 안 되고 입장시켜서도 안 됩니다. 종로 경찰서 종로 청소년선도위원회' 문짝에 이런 경고문이 붙어 있는데도 미성년자는 물론이고 어린이까지 드나드는 여관도 있다. 바로 보안여관이다. 여관이라는 이름을 달고 있지만 숙박업소가 아니라 복합문화공간이다. 청년예술가들의 실험적 작품 전시가 이어져 언제 가도 볼거리가 있다. 일제강점기에 지었다. 서까래가 드러나고, 신문지를 바른 벽이 누렇게 변색된 낡고 허술한 건물이다. 1936년 서정주가 장기 투숙하며 김동리, 김달진, 오장환 등과 동인지 〈시인부락〉을 만든 장소고, 화가 이중섭도 일본 애인과 자주 다녔단다. 정부청사 창성동 별관이 생기기 전에는 지방에서 출장 온 공무원들의 단골 숙박 장소였다. 구름다리로 이어진 신관에는 보안책방이 있다. 보안여관은 전체가 하나의 설치미술 작품이다. 근대 경성에서 현대 서울까지의 이야기가 고스란히 담겨 있다.

대림미술관 뒤에는 2020년에 완공한 문화공간 브릭웰(Brickwell)이 있다. 4층 테라스에서 아래로 내려다보는 중정이 일품이다. 둥근 모양이라 우물 속을 들여다보는 느낌이다. 브릭(brick, 벽돌)웰(well, 우물)이라고 이름을 붙인 이유다. 찍으면 그림이 되니 인스타그램 성지로 떴다. 내부에 전시공간 '그라운드 시소'가 있다. 1층은 절반을 개방 공간으로 만들어 바로 옆에 있는 백송터로 자연스레 이어진다. 1962년에 천연기념물 4호가 된, 이 땅에서 가장 크고 나이 든 백송이 있던 자리다. 그래서 동네 이름이 한때 백송동이었다. 하지만 1990년 태풍에 나무가 넘어져 둥치만 남았다. 천연기념물 자격도 잃었다. 주민들이 그 옆에 심은 후계목은 아직 어린애다.

이 일대가 창의궁터다. 별궁(別宮)인 창의궁은 숙종의 아들인 영조가 왕이 되기 전에 9년 동안 살던 잠저(潛邸)다. 잠저는 임금이 재위에 오르기 전에 궁궐 밖에서 살던 집을 뜻한다. 그 뒤에도 이를 왕실에서 쓰면 별궁이라고 했다. 김정희 집터라는 주장은 그냥 주장일 뿐이다. 왕이 살던 곳에 집을 지을 간 큰 이는 없을 테니까. 일제는 1911년 이 땅에 조선 수탈 기구인 동양척식주식회사 사택을 세웠다. 광복 뒤 귀속재산(적산)으로 민간에 팔려 잘게 쪼개졌다.[47]

뿌리 깊은 동네 통의동에 역사책 전문 출판사 푸른역사와 역사전문 서점 역사책방이 둥지를 튼 모습은 자연스럽다.

중국 자본은 왜 서촌 성결교회를 탐냈을까

배화여대와 배화여중고 북쪽이 누상동, 동쪽이 누하동, 남쪽이 필운동이다. 연산군 때 지은 누각의 윗동네라 해서 누상동, 아랫동네라 해서 누하동, 필운대가 있는 동네라 해서 필운동이다. 권율 장군이 사위 이항복에게 물려준 필운대 터는 배화여고 뒤에 있다. 필운대 남쪽에 사직단이 있고 그 동쪽과 북쪽 일대를 인경궁 자리로 추측한다.

임진왜란 뒤 광해군은 경기도 교하로 천도하려 했지만 반대에 부딪혀 실패했다. 이후 인왕산 아래 사직단 뒤쪽이 명당이라는 술사의 말을 믿고 인경궁 건설에 나섰다. 공사가 한창 진행 중일 때 또 다른 술사가 광해군을 부추겼다. 광해군의 이복동생 정원군 집에 왕의 기운이 있으니 그곳에 궁궐을 지어야 한다는 말이었다. 신하들이 반대했지만 결국 인경궁 남쪽에 경덕궁(경희궁) 공사를 강행했다. 유탄을 맞은 인경궁은 공사가 지지부진해졌다. 하지만 인조반정으로 광해군은 두 궁궐의 완공을 보지 못하고 쫓겨났다. 인조 때는 인경궁을 헐어낸 자재로 창경궁을 수선하고, 고종 때 경복궁을 중건할 때는 경덕궁의 많은 전각들을 뜯어다 썼다. 필운동 두레엘리시안아파트 맞은편 건물 공사 때 땅을 파보니 조선 시대 배수로 시설과 건물터가 나왔다. 인경궁의 일부로 추측하는데 그 정확한 위치와 규모는 알려져 있지 않다. 누상동에는 청와동(靑瓦洞)이라는 글자가 새겨진 바위가 있다. 조선 시대 각자다. 이 바위에서 인경궁 푸른 기와가 보였단다. '청와대'의 푸른 기와와는 상관이 없는 얘기다.

수성동 계곡 올라가는 길 박노수미술관 가까운 누상동 길가에 윤동주(1917~1945) 시인의 하숙집이 있다. 소설가 김송의 집인데, 시인이 연희전문 4학년 때 후배 정병욱과 석 달 정도 머물렀다. 그가 죽고 광복 뒤에 출판된 시집 《하늘과 바람과 별과 시》에 나오는 18편 중 6편을 누상동에서 썼다. 널리 알려진 〈별 헤는 밤〉, 〈서시〉는 북아현동으로 이사 간 뒤 썼다. 누상동에서 꽤 먼 창의문 앞에 윤동주문학관과 시인의 언덕이 자리 잡은 모습은 그래서 생뚱맞다. 윤동주하숙집 뒤로 난 골목길 깊숙한 곳에 이중섭(1916~1956)의 작업실이 있었다. 생활고에 시달리던 화가는 일본에 있는 가족을 만나지 못하고 적십자병원에서 쓸쓸히 생을 마감했다.

누하동에는 화가 이상범, 천경자, 구본웅 등과 시인 노천명 등이 살았다. 청전 이상범(1897~1972)은 1936년 〈동아일보〉 일장기 말소 사건 때 조사부 미술기자였다. 일장기를 지운 주인공으로 알려졌지만 그 뒤 친일 행적을 보였다. 이때 조사부장이던 이여성(본명 이명건, 1901~?)도 함께 해직됐다. 옥인동에 살던 형 이여성과 궁정동에 살던 동생 이쾌대(1913~1965) 화가 형제는 일제의 압박과 해방공간의 좌우 틈새에서 민족을 그려내고자 했지만 끝은 우울했다. 형은 한국전쟁 전에, 동생은 전쟁 뒤에 북으로 간 뒤 이름이 사라졌다. 세월이 흘러 이쾌대가 다시 조명을 받게 돼 다행이다. 역시 이 동네 살던 노천명(1912~1957)은 김수임의 이화여전 영문과 2년 후배로 연극운동을 함께 하며 가까이 지내다가 역사의 격랑에 휩쓸렸다. 조선문학가동맹 이력이 문제가 돼 한국전쟁 때 21년 형을 선고받았다. 경무대에 근무하던 시인 김광섭의 도움으로 출소한 뒤 이승만 정부 공보실에서 일했다. 하지만 친일 행적과 부역의 꼬리표를 떼지 못했다. 수성동 계곡 끝, 지금은 헐려 사라진 옥인아파트에는 탤런트 최불암·김민자 부부, 여운계, 오미영과 양희은·양희경 자매가 살았다. 양희은은 여기서 서강대를 다닐 때 데뷔를 했다.

체부동은 경복궁역에서 자하문 쪽으로 가는 길 초입 왼쪽 동네다. 경복궁역 2번 출구에서 나와 왼쪽 골목으로 꺾어 들어가면 금천교시장인데 시장길 오른쪽은 체부동이고 왼쪽은 내자동이다. 영화

체부동 골목 안에 있는 성결교회. 지금은 서울시에서 생활문화지원센터로 활용하고 있다.

〈건축학개론〉 배경 중 한 곳인 체부동은 주말이면 젊은이들이 넘쳐
난다.

골목 속에 서울미래유산 성결교회가 숨어 있다. 조금씩 짓기 시
작해 1931년에 완공했다. 이후 1960년 증축했다. 시대별로 달라지는
벽돌 쌓기 방식을 볼 수 있다. 신도가 줄며 유지가 어렵게 되자 매물
로 나오며 중국 자본의 부동산 사냥감이 됐다. 보존 목소리가 커지
자 서울시가 2014년에 매입해 생활문화지원센터로 용도를 바꿨다.
외형은 그대로 보존하고 내부는 보수해 문화공간으로 재탄생했다.
교회와 역사를 같이 한 한옥 별채 '금오재'도 살아남았다.

교회 이야기라면 외교부와 서울경찰청 사이에 있는 종교교회를
빼놓을 수 없다. 교회 앞이 예전엔 삼거리 물길이었다. 자하문에서
내려오는 백운동천과 사직단에서 내려오는 사직동천이 여기서 만
나 청계천으로 들어간다. 여기 있던 다리가 종침교(琮琛橋)다. 주민들
은 이를 줄여 종교(琮橋)라 불렀다. 그 옆에 교회를 세우며 다리 이름
을 따서 종교교회(琮橋敎會)라 했다. 다리 이름이 종침교가 된 연유가
있다. 조선 임금 성종이 두 번째 왕비 윤씨 폐위를 논하는 회의를 열
기로 했다. 형제 정승이던 허종(許琮), 허침(許琛)은 고민에 빠졌다. 윤
씨는 세자 연산군의 어머니였기 때문이다. 고민 끝에 사직동에 사는
영민한 누이를 찾아가 의견을 구했다.

"누님, 이러저러해서 난감합니다."

"아들이 세자인데 어머니가 곱게 죽지 못하면 뒤에 무사하지 못
할 겁니다."

"무슨 뾰족한 방도가 있을까요."

"그러면 이렇게 하세요."

형제는 집을 나와 대궐로 가는 길에 있던 다리를 건너다가 말에서 떨어져 다쳤다. 이를 핑계로 어전회의에 결석할 수 있었다. 연산군은 왕이 되어 폐비 윤씨 복위 문제로 갑자사화를 일으켰다. 누이 덕분에 형제는 목숨을 건졌다. 그 뒤 허종, 허침 형제 이름에서 한 글자씩 따서 종침교라는 이름이 붙었단다. 지금은 교회 측이 한자를 바꿔 '宗敎敎會'라고 쓴다. 종교교회(도렴동)와 배화학당(필운동), 자교교회(창성동)는 모두 미국 남감리교 선교사 조지핀 캠벨(1852~1920)이 세웠다. 배화학당은 1898년 내자동 서울경찰청 부근에서 출발해 1916년에 지금 위치인 필운동으로 옮겨갔다.

사직단 향나무는 담장 안에 있었다, 사직동

사직동은 사직단이 있는 동네다. 정도전은 한양 도읍을 설계하면서 《예기(禮記)》에 나오는 도성의 형태를 따랐다. 주나라 때는 정통성을 강조하려 동쪽 묘에 은나라 조상들까지 모셨다. 서쪽에는 자신들의 조상신인 농경신 후직(后稷)을 모셨다. 이런 좌묘우사(左廟右社)를 한양에 도입해 경복궁 동쪽엔 종묘를, 서쪽엔 사직단을 배치했다. 사직단은 토지신 사(社)와 곡식신 직(稷)에게 제사를 올리던 제단이다. 사직단 주변에는 소나무 또는 잣나무처럼 늘 푸른 나무를 심어 가꾸었다.

일제는 조선 왕조 격하에 나서면서 사직단 제사를 폐지하고 부속건물을 철거해 제단만 남긴 뒤 공원으로 만들었다. 사직단 이름은 2011년이 돼서야 되찾았다. 도시 계획과 사직로 확장에 따라 사직단 영역이 줄어들며 정문은 두 번을 뒤로 물러났다. 문 앞에 있는 늙은 향나무 자리는 본래 사직단 내부였다.

1967년에 뚫린 사직터널은 서울 첫 도로터널이다. 이전에 광화문에서 독립문 쪽으로 가려면 서대문을 거쳐 빙 돌아가야 했다. 1980년에 터널을 하나 더 만들어 상행선과 하행선을 분리했다. 1977년에 안산 능선 아래에 금화터널이 뚫리며 도심에서 김포공항과 경인고속도로에 이르는 거리와 시간이 크게 줄어들었다. 금화터널은 한동안 통행료를 받았다. 1979년 8월 14일자 서울시 공고를 보면 징수 기간은 1979년 8월 17일부터 1992년 7월 31일까지다. 2륜차·3륜차 50원, 승용차·버스·화물차 100원, 10톤 이상 화물차를 포함한 특수차 200원이다. 통행료는 1992년 8월 17일 0시에 없어졌다.

사직단 뒤에 있던 일본 절을 헐어낸 자리에 단군성전이 들어섰다. 성전 안에는 정부 표준 단군 영정과 단군상을 모셨다.

수모당한 인왕산 치마바위

인왕산은 도읍지 한양의 주산인 백악 서쪽에 있어 조선 초에는 서봉, 서산이라고도 불렸다. 1537년 중종 때 명나라에서 사신이 왔다. 서열 1위가 공용경, 2위가 오희맹이었다. 임금은 경회루에서 이들을 접대하며 북쪽 백악산과 서쪽 인왕산의 이름을 지어달라고 부탁했다. 공용경은 백악산을 공극(拱極), 오희맹은 인왕산을 필운(弼雲)으로 지었다. 이 이름이 필운대와 필운동으로 남았다.

인왕산에는 갖가지 모양의 바위들이 있다. 누상동에서 무악동으로 넘어가는 고개에 있는 호랑이처럼 생긴 바위가 있었는데 1968년 1.21사태 뒤 산허리를 끊어 군사도로를 내며 폭파해버렸다. 지금의 인왕로가 이 길이다. 삿갓바위는 인왕산 남쪽 봉우리 중 가장 높은 데 있다.

정상 아래 널찍하게 펼쳐진 치마바위는 인왕산을 상징한다. 줄거리가 비슷한 여러 버전의 얘기가 전해진다. 반정으로 왕위에 오른 중종은 입궐 7일 만에 아내 신씨와 헤어진다. 신씨의 아버지를 죽이고 후환을 걱정한 반정 주모자들의 강력한 요구 때문이었다. 중종은 아내를 잊지 못해 경회루에 올라 날마다 인왕산 기슭 신씨 집을 바라보곤 했단다. 신씨는 이 바위에 치마를 걸어놓고(또는 흔들며) "여보, 나 여기 있어"라고 했다는 얘기다.

병풍바위라고도 부르는 치마바위는 일제강점기에 큰 수모를 당했다. 1940년에 조선총독부 학무국은 도성 안 어디서나 볼 수 있도록 바위 위에 큼지막한 글자들을 새겨 넣었다.

일제강점기 조선총독부가 글자들을 새겨 훼손 중인 인왕산 치마바위. 일본인 석공 스즈키 긴지로(鈴木銀次郎)가 작업했다. (사진 출처: 국립중앙박물관)

東亞靑年團結

동아청년단결

皇紀二千五百九十九年九月十六日

황기 이천오백구십구년 구월 십육일

朝鮮總督 南次郎

조선총독 미나미 지로

大日本靑年團大會

대일본청년단대회

'동아청년단결' 글자가 가장 커서 글자 하나가 사방 5미터가 넘는다.

당시 1만 1454원을 들여서 7개월 동안 작업했다. 광복 뒤인 1950년 서울시가 82만 원을 들여 이를 지웠지만 매끈하던 바위에는 어지러운 흉터가 남았다. 멀리서 보면 그저 물이 흘러내린 흔적으로 보인다.

정상 못 미처 동쪽에는 매부리바위가 있다. 하늘로 향해 뻗은 매의 머리 모양인데, 틈에 자라는 소나무가 부리처럼 보인다. 남쪽 능선 정상 부근에 있는 부처바위는 금방이라도 굴러 떨어질 것처럼 위태로워 아슬바위라고도 한다. 무악동에는 선바위가 있다. 우뚝 선 모양, 또는 승려가 장삼 입은 형상이라고 붙은 이름이다. 기도처로 소문났다. 조선 초 도성을 쌓을 때 이 바위를 도성 성곽 안에 둘지, 밖에 둘지를 놓고 무학대사와 정도전이 맞섰다. 무학은 성내파고 정도전은 성외파였다. "들이면 불교가 흥하고 내보내면 유교가 흥한다"
는 정도전의 말을 이성계가 들어줬단다. 믿거나 말거나 전설 따라
삼천리다.

8장
동네 한 바퀴
- 청와대 동쪽

한국 마라톤의 숨겨진 성지, 삼청동

백악산을 빼고는 마라톤 한국을 말할 수 없다. 1931년 IOC는 여름올림픽 개최지로 베를린을 결정한다. 바이마르공화국 시절이었다. 1936년에 열린 대회의 열매는 1933년에 총리가 된 히틀러가 따먹었다. 나치의 유대인 탄압을 이유로 프랑스와 영국 같은 유럽 국가들은 막판까지 참가를 꺼렸다. 결국에는 정치와 스포츠를 구분하자는 설득이 먹혔다. 대회는 화려했다. 그리스 아테네 올림피아신전에서 개최 도시까지 성화를 나르고, 세계 처음으로 텔레비전 생방송을 했다. 히틀러는 대회를 통해 아리안족이 최고임을 입증하고 싶었지만 정작 육상에서는 아프리카계 미국선수 제시 오언스가 4관왕

(100미터, 200미터, 400미터 계주, 멀리뛰기)에 올랐다.

게다가 올림픽의 꽃 마라톤은 동양인 선수가 1위와 3위로 골인한다. 바로 손기정과 남승룡이다. 손기정은 2시간 29분 19초 2로 사상 처음으로 2시간 30분 벽을 돌파했다. 이보다 앞선 1932년 로스앤젤레스 올림픽에서도 김은배, 권태하가 대표로 뛰었으니 조선 마라톤 실력이 우연은 아니었다. 식민지인을 대표로 내보야 했던 일본으로서는 자존심 상하는 일이었다. 본 경기에는 후보 4명 중 3명이 뛴다. 기록상 이미 손기정과 남승룡은 확정된 상태였다. 하지만 경기를 며칠 앞두고 출전할 선수를 다시 가리겠다며 엔트리 마감까지 늦추고는 30킬로미터 경기를 열었다. 일본 선수 두 명을 뛰게 하려는 꼼수였다. 손기정과 남승룡은 다시 1, 2위로 통과했다. 체력을 비축할 시간도 없이 나선 경기에서 우승까지 했으니 기록은 그만큼 값지다.[48]

미국 육상코치가 스톱워치로 잰 손기정의 마지막 100미터 기록은 무려 12초대다. 당시 〈동아일보〉와 〈조선중앙일보〉가 이를 보도하며 손기정 가슴의 일장기를 덧칠한 사진을 실었다. 이 일로 여운형이 사장이던 〈조선중앙일보〉는 폐간되고, 송진우가 사장이던 〈동아일보〉는 네 번째 무기정간을 당한다. 일본은 손기정을 철저하게 외면했다. 일장기 말소사건을 보도한 일본 언론은 한 곳도 없었다. 1만 3000여 명의 일본인과 근대 이후 일본과 관련이 깊은 외국인 200여 명을 수록한《콘사이스 인명사전》에도 손기정은 없다.[49]

마라톤 한국의 맥은 서윤복, 함기용, 송길윤, 최윤칠로 이어졌다. 일제강점, 해방과 분단, 전쟁과 재건을 거치는 혼란한 시기에 탁월한 선수들을 키워낸 훈련장이 있다. 바로 청와대 뒤 백악산 능선이다. 손기정의 자서전 《나의 조국 나의 마라톤》에는 양정고등보통학교 시절 그가 백악산에서 훈련하는 이야기가 나온다.

이른 새벽마다 더운 김을 뿜어내며 가까운 삼청동 골짜기를 타고 북악 산정까지 뛰어올라 갔다. 그렇게 큰 산은 아니지만 등성이를 타고 올라가면 가슴으로 등으로 땀이 후줄근하게 흘러내리고 숨이 턱에 닿는 듯했다. 경성 도성을 보호하는 돌벽이 산등성이로 이어져 있었다. 성벽이라고 보기에는 너무 낮고 작은 느낌이어서 오히려 대갓집 후원 담장 같은 기분이 들었다.

(중략)

산을 내려올 때 역시 좋은 훈련이 되었다. 나무가 줄지어 선 숲길을 내려오면서 나는 나무와 나무 사이를 일정한 리듬으로 피해 가며 달렸다. 마라톤은 음악처럼 리드미컬한 것이다. 장거리 레이스에서는 팔·다리의 움직임과 호흡을 어떻게 맞춰 가느냐, 어떻게 부드러운 호흡에 무리 없이 강한 추진력을 조화시키느냐로 성패가 가려지게 된다. 산비탈 나무 사이를 달려 내려오며 이러한 훈련을 효과적으로 쌓을 수 있었다. 평지를 달릴 때는 쉽게 경험할 수 없는 일이었다.[50]

양정고 학생 손기정은 삼청동길을 지나 한양도성을 따라 백악산 정상에 이르는 코스를 달렸다. 1988년 양천구 목동으로 이사하기 전 양정고는 서울역 뒤쪽 만리동 산등성이에 있었다. 광복 뒤 손기정은 지도자로 변신한다. 미군정 시절인 1947년 서윤복은 보스턴대회에서 다시 세계신기록(2시간 25분 39초)을 세우며 우승한다. 1950년 보스턴대회에서는 함기용, 송길윤, 최윤칠이 1~3위를 싹쓸이했다. 손기정이 달린 산길을 이들도 달렸다. 함기용은 손기정 감독의 백악산 훈련이 피오줌이 나올 만큼 고통이었다고 회고한다. 무지막지한 산악 훈련이 한국 마라톤을 키워낸 양분이 되었던 셈이다. 백악산 능선을 '한국 마라톤 역사를 연 길' 또는 '한국 마라톤 발상지', '한국 마라톤 성지'로 삼을 이유는 차고 넘친다.

1912년 신의주에 태어난 손기정 선생은 1988년 서울올림픽 성화를 봉송하고 2002년에 세상 나들이를 마쳤다. 손기정이 백악산 능선을 달리던 때는 청와대가 생기기 전이니 당연히 입산 통제가 없었다.

삼청동을 비롯한 북촌은 종로의 윗동네 중에서도 경복궁과 창덕궁 사이를 말한다. 뒤에는 백악산과 응봉이, 앞에는 청계천이 흘러 길지로 꼽히는 동네다. 성현이 지은 《용재총화(慵齋叢話)》에는 '산이 높고 나무가 빽빽한데 바위 골짜기가 깊숙하다', '도성 안에서 백악의 삼청동이 으뜸이고, 인왕산의 인왕동·쌍계동·백운동, 남산의 청학동이 그 다음'이라는 기록도 있다. 궁궐 사이에 있으니 힘깨나 쓰는 왕족과 사대부들 근거지가 됐다. 근현대 들어서도 마찬가지여서 일제강점기에는 친일파가, 광복 뒤에는 신흥 정재계 인사들이 모여

들었다. 그만큼 권력의 방향에 따라 사는 사람들도 달라졌다. 치안이 확실하니 도둑이 없지만 혹시라도 도둑이 들면 고위 경찰관이 동네를 돌며 사죄를 했단다. 소문나면 목이 달아나니 그랬을 테다. 지금은 한옥을 비롯한 주택이 빼곡하게 들어서 있지만 북촌 언덕은 1900년 전후만 해도 인가가 별로 없었다. 삼청동, 가회동, 안국동 같은 능선 아래 평지가 주거지였다. 삼청동 계곡에는 물이 제법 많았다. 1960년대 후반에도 삼청동천에서 아이들이 물놀이를 하고 삼청공원으로 소풍을 다녔다.

대한제국 말 고종 황제는 지금의 총리공관 일대 땅을 이윤용(이완용의 배다른 형)에게 하사했다. 친일파 민규식이 여기서 살았고 뒤에 경성전기주식회사 사옥으로 쓰였다. 정부 수립 뒤 잠시 국회의장공관으로 썼다. 1961년 5월 당시 내각수반 송요찬이 집무하면서부터 총리공관이 됐다. 그 옆 땅 주인은 친일파 송병준이었다.

성북동, 한남동, 강남이 뜨면서 북촌의 위세도 한풀 꺾였다. 1970년 12월 30일 뚫린 삼청터널은 대학교육보험(교보생명보험 전신)이 공사해 국가에 헌납했다. 그럴 만한 이유가 있었다. 창업주 신용호 회장은 이전에 동작동 땅 3만 6000평을 국립묘지 부지로 넘기며 성북동 땅을 10만 평 넘게 받았다. 터널이 생기자 성북동 땅은 하루아침에 최고급 주택단지가 됐다. 교보주택단지로 불리며 대사 관저와 재벌들 저택이 자리 잡고 있는 성북동 330번지 일대다. 크게 남는 장사였던 셈이다.

삼청동에는 조선 초부터 화약고가 있었다. 안전 문제 때문에 민가가 드문 한적한 산속에 지었을 테다. 감사원 아래쪽 금융연수원 안에는 번사창이 있다. 고종 때 지은 한국 최초의 신식 무기 공장인 기기국 소속이었다. 지붕 모양, 벽돌 쌓기, 창문 형태 등에 중국과 서양식이 섞여 있다. 중국 텐진 출신 기술자들이 지었기 때문이다. 일제강점기 때에 세균실험실로, 미군정 때는 중앙방역연구소로, 정부 수립 뒤에는 사회복지연수원으로, 1970년 이후에는 한국금융연수원으로 이용됐다.

10분이면 걸어서 동네 네 곳을 지난다

서울 강북에는 서울이 고향인 사람들도 잘 모르는 동네가 많다. 동네와 동네를 가르는 경계선은 삐뚤빼뚤하다. 구불구불한 길과 옛 개울을 기준으로 행정구역을 나누었기 때문이다. 이와 달리 강남 일대는 바둑판 같은 길을 먼저 닦은 뒤 동네가 들어서 경계선이 단순하다.

2022년 JTBC에서 방영한 인기 드라마 〈나의 해방일지〉 15화에는 이런 장면이 나온다. 주인공 중 하나인 염창희는 마침내 서울 입성에 성공하며 편의점 점주가 된다. 드라마 속 편의점은 부암동 환기미술관 가까이에 있다. 동양방아간 맞은편이다. 염창희가 알바생에게 이런 말을 한다.

"얼마 전에 경복궁 주변을 걷다가 깜짝 놀란 게, 10분이면 걸어서 4개 동을 지나가. 무슨 동을 이렇게 잘게 잘게 쪼개놨나 보니까 동이 면적으로 나누는 게 아니고 인구수로 나눈 건데, 조선 시대 때 거기 인구 밀집도가 엄청났다는 거지. 너 팔판동이라고 들어봤냐. 경복궁 뒤쪽에 있는 동넨데 거기에만 조선 시대 때 판서가 여덟 명 살았대. 그래 갖고 팔판동….”

2022년 7월 현재 가장 인구가 많은 자치단체는 경기도 1375만 5000여 명, 서울이 950만 6000여 명이다. 수도권 인구는 2020년에 총인구 중 절반을 넘어섰다. 다산 정약용이 유배지 강진에서 두 아들에게 보낸 편지 중에는 서울살이 얘기가 있다. 쉽게 말하면 대충 이런 내용이다.

“벼슬하거든 빨리 높직한 산언덕에 셋집을 내어 살며 처사의 본색을 잃지 마라. 벼슬 못해도 서울에서 살며 문화를 보는 눈을 유지해라. 내가 지금 죄인 명부에 올라 있지만 앞으로 계획은 오직 서울로부터 10리 안에 사는 것이다. 집안이 기울어 도성 깊이 들어가 살수 없다면 근교에서 생계를 유지하다가 재산이 좀 넉넉해지기를 기다려 도심으로 들어가라.”

서울 선호는 예나 지금이나 다르지 않지 않은 셈이다.

팔판정육점은 1940년에 문을 연 노포 중의 노포다. 한때 장안에서 가장 많은 쇠고기를 취급했다. 신의를 무엇보다 중요하게 여겨 단골들에게는 손해를 보면서도 고기를 대준다. 한참 전에 대기업에서 80억 원에 팔라는 제안도 거절했단다.[51] 작은 이익은 눈앞에 있고 큰 이익은 먼 데 있다.

10명 중 6명을 서울대 보낸 학교가 있던 화동

화동에는 조선 시대 왕궁의 꽃을 기르고 관리하는 관청인 장원서가 있었다. 정독도서관 서쪽인데 사육신 중의 하나인 성삼문의 집터이기도 하다. 지금 정독도서관 자리에 한국 첫 정규 중등교육기관인 한성중학교가 있었다. 본래 갑신정변 주역인 김옥균과 서재필의 집터였다. 이들이 망명한 뒤 대한제국은 가산을 몰수하고 학교를 세웠다. 이후 을사오적 중 하나인 박제순이 죽은 뒤 조선총독부는 그의 집 자리도 학교 터에 집어넣었다. 현재 정독도서관 면적의 절반 정도 되는 큰 땅이다. 한성중학교는 한성고등학교, 경성고등보통학교, 경성제일고등보통학교, 경기공립중학교로 이름이 바뀌었다. 1938년에 지은 학교 건물은 스팀 난방시설까지 갖춘 당시 최고급 건축물이었다. 광복 뒤 경기고등학교로 이름을 바꿨다. 1954년에 고교 입시를 실시하며 전국의 수재들이 몰려드는 명문 중의 명문이 됐다. 1957년부터 1976년까지 졸업생 60퍼센트가 서울대에 들어갔다. 1970년 서울대 진학률은 81.8퍼센트였다. 1976년에 강남으로 이전할 때 동문들은 격렬하게 반대했지만 박정희 정권의 서슬을 거스를 수는 없었다. 함께 강남으로 이전한 휘문고, 서울고, 숙명여고, 경기여고 등은 모두 헐렸지만 경기고 건물은 살아남아 정독도서관이 됐다.[52]

정독도서관 자리는 겸재가 〈인왕제색도〉를 그린 자리라고 하나 연구자마다 의견이 달라 확실치 않다. 화동 138번지에서 창간해 세

지금의 정독도서관 자리에 있던 경기고등학교의 옛 모습. (사진 출처: 대통령 경호처)

들어 살던 동아일보사는 1926년 12월 10일에 세종로사거리 신사옥으로 옮겨갔다. 조선총독부 낙성식 두 달 뒤였다. 새 사옥에서 만든 첫 신문인 12월 11일자에는 순 한글 사설을 실었다.

대하소설 써도 될 국립현대미술관 자리, 소격동

소격동은 화동과 함께 북촌의 중심이다. 도교의 제사인 초제를 주관하던 소격서가 있어 같은 이름을 얻었다. 지금은 국립현대미술관 서울관이 동네 절반을 차지하고 있다. 1980년에 전통가옥 보존지구로 지정됐는데 10년 뒤 해제했다.

광화문이 한때는 소격동 쪽에 있었다. 1926년 일제가 조선총독부를 완공하며 건춘문 옆, 지금의 국립민속박물관 정문 자리로 옮겼다. 그 뒤 광화문이 있던 자리는 총독부광장, 군정청광장, 중앙청광장으로 이름을 바꿔가며 갖가지 관제 행사 공간으로 쓰였다. 이전한 광화문은 1929년에 경복궁 안에서 열린 조선박람회의 정문으로 쓰였다. 한국전쟁 때 폭격을 맞고 석축만 남았다가 1968년에 지금 위치로 돌아왔다. 하지만 제자리가 아니었다.

광화문~근정전~사정전~강녕전~교태전은 일직선 축에 놓여 있다. 그런데 일제는 조선총독부를 지으며 방향을 태평로(시청 옆 세종대로) 축에 맞췄다. 이는 기존 축과 3.5도 어긋나는데, 광화문을 없애고 광화문 앞길도 태평로 축에 맞춰 정비하려는 계획 때문이었다. 광화

국립현대미술관 서울관의 모습. 오른쪽 위에 2013년 원래 자리로 옮겨 온 종친부 한옥 건물이 보인다.
(사진 출처: 대통령 경호처)

문은 우여곡절을 겪으며 제자리로 돌아왔지만 복원을 엉터리로 했
다. 철근콘크리트로 만든 데다가 방향도 중앙청(총독부청사)에 맞춰 세
워 본래의 경복궁 축과 3.5도 틀어졌다. 이를 철거하고 높이와 방향
을 바로잡아 2010년에 다시 복원했지만 여전히 논란이 남았다.

경복궁 동문인 건춘문으로는 종친과 외척, 왕궁 관계자들이 주
로 드나들었다. 조선 시대 종친은 왕의 4대손까지를 말한다. 건춘문
맞은편에는 역대 왕실과 관련한 사무를 보던 종친부가 있다. 종친부
옆에 왕의 기록과 친필 등을 보관하던 규장각이 있었다. 규장각은
창덕궁에 있다가 옮겨왔는데 지금은 서울대 안에 있다.

일제는 종친부 건물 일부를 수도육군병원으로 썼다. 이 자리는 경성의학전문학교 부설병원, 서울대 의대 제2부속병원, 제36육군병원, 수도육군병원, 국군수도통합병원, 육군보안사령부, 국군서울지구병원 등으로 용도가 변해왔다. 1979년 10월 26일 총에 맞은 박정희 대통령이 후송된 데가 이곳 국군수도통합병원이다. 미 국무부가 공개한 비밀전문에 따르면 그 직전에 미국인이 운영하는 병원으로 실려가 사망통보를 받았다.[53]

병원 자리는 리모델링을 거쳐 2013년에 국립현대미술관 서울관이 됐다. 종친부 건물도 본래 있던 자리로 돌아왔다. 현재 남아 있는 경성의학전문학교 부설병원 건물은 서울대 의학부 건물과 함께 이 땅에서 가장 오래된 의료 건물 가운데 하나다.

동십자각과 건춘문 건너편 사간원이 있던 곳이 사간동이다. 사간원은 왕의 잘못에 직언하고, 부패한 신료를 감찰하고, 법률 제정을 논의하는 막강 권력 기관이다. 왕의 전횡을 견제하며 권력의 중심을 잡는 자리였기에 강직하고 학문 뛰어난 사람을 선발했다. 아무리 듣기 싫은 말을 해도 왕들은 사간원을 무시하지 않았다. 딱 한 번, 연산군 때 없어졌다가 곧바로 부활했다.

20년 넘게 비어 있던 땅 3만 4200제곱미터, 송현동

송현동은 이건희 미술관이 들어서는 동네다. 일반인은 110년 넘게 접근하지 못하던 곳이다. 경복궁 풍수를 보완하는 솔숲이 있어 송현(松峴, 소나무 언덕)이란 이름을 얻었다. 조선이 기울던 시기, 명문 세도가나 친일파들이 눈독을 들였다. 특히 순종의 장인 윤택영이 이곳 대부분인 9000여 평(약 2만 9752제곱미터)을 차지했다. 그의 형인 윤덕영은 그 옆인 사간동에 이어 옥인동 일대를 장악했다. 일제강점기에는 조선식산은행 직원 숙소가 들어서고 광복 뒤 군정기에는 미군장교 숙소가 됐다. 그 뒤 소유권이 미국으로 넘어가며 대사관 직원 숙소가 됐다. 1997년 미국 정부는 숙소를 이전하기 위해 이 땅을 삼성생명에 팔기로 했지만 외환위기로 계약이 깨졌다. 2000년 다시 삼성생명은 1억 5000만 달러(당시 약 1400억 원)를 주고 이 땅을 사들였다. 하지만 처음 계획대로 미술관을 건립하지 못하고 2008년에 대한항공에 되팔았다. 매매가 2900억 원이었으니 8년 만에 차익 1500억 원을 남겼다.

7성급 호텔과 전시장을 지으려던 대한항공의 계획은 법정 다툼 끝에 무산됐다. 청와대와 경복궁뿐만 아니라 바로 옆에 학교들이 있어 규제가 겹겹이었기 때문이다. 종로구청 부지와 맞바꿔 이 땅에 한옥청사를 짓자는 제안도 있었다. 결국 2021년 서울시와 대한항공은 이 땅과 강남구 삼성동 땅을 맞바꾸기로 했다. 한국토지주택공사(LH)가 송현동 땅을 사서 서울시에 넘기고, LH는 서울시가 가지고 있는 옛 서울의료원 남측 부지 일부를 받는 방식이다. 20년 넘게 비어 있던 땅이 비로소 쓰임새를 찾았다. 청와대 개방과 광화문광장 재개장에 맞춰 녹지공간이 조성됐다. 3만 4200제곱미터의 4분의 1

인 9797제곱미터가 2027년에 문을 여는 이건희 미술관 부지다.

지하철 3호선 안국역 1번 출구에서 정독도서관 쪽으로 올라가는 길 이름이 윤보선길이다. 길 끝에 있는 윤보선 가옥 덕에 붙은 이름이다. 아기자기한 가게들이 다닥다닥 늘어서 있는 이 길 양쪽이 안국동(安國洞)이다. 덕성여고와 공예박물관(옛 풍문여고)이 있다.

9장

길 아래
물길이 있다

청계천이 시작하는 샘

백악산 꼭대기에 내린 비는 사방으로 흘러내린다. 물은 골짜기를 타고 내려 북쪽 홍제천, 동쪽 삼청동천, 서쪽 백운동천, 남쪽 대은암천으로 흘러든다. 삼청동천, 백운동천, 대은암천을 흐르는 물은 모두 청계천에서 만난다. 청계천과 홍제천은 낯설지 않은데 나머지 하천 셋은 생소하다. 정밀 지도에도 나오지 않는다. 하지만 물길은 지금도 있고 여전히 흐른다. 보이지 않을 뿐이다. 기록으로만 남은 이들 물길은 어디로 갔을까.

한양도성 안은 우묵한 분지다. 낙산 줄기 남쪽 끄트머리와 남산 줄기 북쪽 끄트머리가 만나는 동대문 근처가 유일하게 트여 있다.

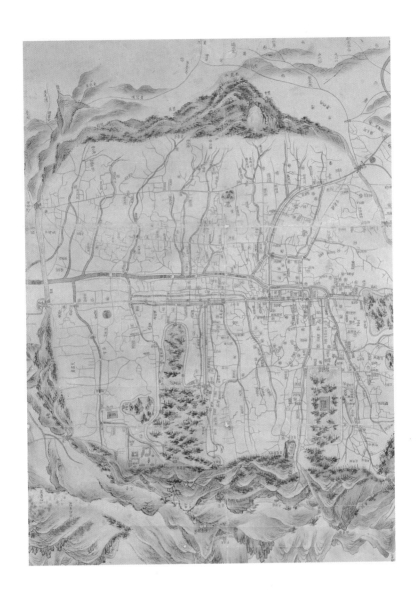

1780년경 만든 도성지도. 인왕산과 백악산에서 흘러내려오는 물길이 생생하다. 위가 남쪽, 아래가 북쪽이다. (지도 출처: 서울대 규장각 한국학연구원)

동쪽으로 흐르는 청계천이 이곳에 있는 오간수문(구멍이 5개라서 붙은 이름)을 빠져나가 성북천, 정릉천, 중랑천을 만난 뒤 한강으로 들어간다. 휴대전화로 지도를 열어보면 금세 알 수 있다. 백악산 남쪽, 인왕산 동쪽, 남산 북쪽, 낙산 서쪽으로 떨어지는 비는 각자의 물길을 따라 청계천으로 모여든다. 동아일보사 앞 청계광장에서 중랑천과 합류하는 지점까지 8.12킬로미터가 청계천 본류다.

청계천 발원지는 어디일까. 본류로 흘러드는 새끼 물길 중 가장 긴 곳의 끝일 테다. 2005년 11월 종로구가 최장발원지를 조사했다. 청운동 자하문 고개 옆, 최규식 경무관 동상에서 백악산 쪽으로 약 150미터 지점에 있는 약수터라고 밝혔다. 이때까지는 삼청동천 최상류인 촛대바위 부근이나 청운동 위쪽 청풍계라는 주장도 있었다. 제작연대를 18세기로 추정하는 〈도성대지도(都城大地圖)〉에는 창의문 아래 청운동 벽산빌라 부근을 발원지로 표시하고 있다. 종로구 조사 결과와 같은 지점이다.

물길이 20개가 넘었다

1900년대에 들어서며 일제는 조선 침탈 속도를 높인다. 이를 위해 철도와 도로 같은 사회간접자본을 적극 확장해 1899년에 경인선, 1904년에는 경부선을 개통한다. 500년 넘게 이어져 온 서울 도시 구조가 바뀌기 시작했다. 사대문 안 도로 골격이 이즈음 만들어져

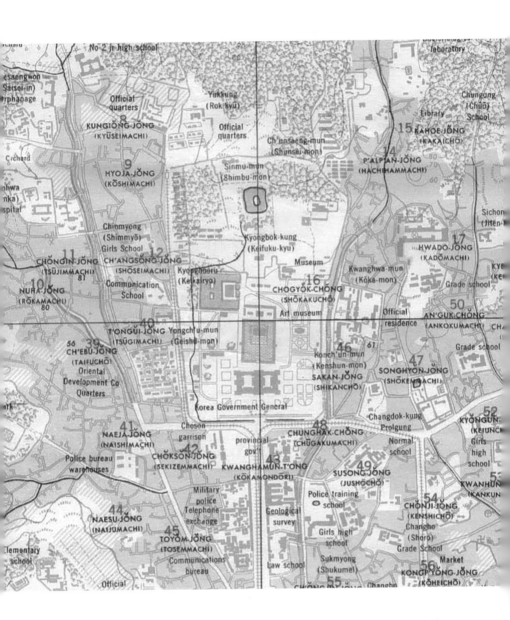

1940년대 미군이 작성한 서울 지도 일부. 이때만 해도 청와대와 경복궁 일대의 물길이 꽤 많이 살아 있었다.

동서축과 남북축으로 곧고 너른 길들이 생겼다.

한국전쟁 직후 서울 인구는 100만 명 정도였다. 개발시대로 들어서며 서울은 풍선처럼 부풀어 오른다. 1970년에 550만 명이던 인구는, 올림픽이 있던 1988년에 1000만 명을 돌파한다. 자가용 시대가 열리며 폭증하는 차량은 도시가 감당할 수준을 넘어섰다. 도로를 넓히고 주차장을 늘려야 하지만 도심에는 그럴 만한 땅이 없었다. 하천 복개(覆蓋, 뚜껑을 덮는 일)가 가장 쉬운 해법이었다. 돈 덜 들고, 민원 적고, 공사 빨리 끝내고, 주차장 공간도 생기고, 게다가 하수도 악취까지 묻어버리니 일거오득이었다. 1970년대 이전에는 상하수도 시설이 제대로 갖춰지지 않아 생활하수가 동네 개천으로 흘러 들어갔다. 큰비라도 내리면 온갖 쓰레기는 물론이고 오줌똥까지 섞여 흘렀다. 지금은 복개를 하더라도 하수관로를 따로 만들지만 그때는 그냥 덮었다. 하천 대부분은 동네와 동네를 가르는 자연 경계이기 때문에 행정상 이해 충돌도 적었다.

조선 시대 도성 안에는 청계천으로 흘러들던 물길이 20개가 넘었다. 1976년에 청계천을 마저 덮으며 이들은 모두 사라졌다. 불과 70여 년 만이었다. 이런 흐름 속에서 백운동천, 대은암천, 삼청동천도 땅속으로 들어갔다. 도시는 편의를 얻었지만 물길을 잃었다. 환경 개념이 없던 시절이었다.

길 가운데 사각철판

사대문 안을 걷다 보면 가끔 묘한 길을 만난다. 바둑판처럼 반듯한 큰길 사이를 사선으로 구불구불 흐르는 골목길이다. 길 모양이 변칙이니 그 옆에 늘어선 대지 형태도 들쭉날쭉하다. 그래서 크기가 일정하지 않고 어정쩡한 방향으로 앉은 건물이 많다. 심지어 삼각형 건물도 있다. 두 개의 예를 들어보자. 지도를 펴보면 알기 쉽다.

하나는 한옥마을이 있는 남산골 공원~충무로역~매일경제신문 구사옥 뒷길인 퇴계로37길~마른내로4길~을지로18길~세운상가에 이르는 길이다. 좁다란 골목길 양쪽으로 인쇄와 관련한 가게들이 줄지어 서 있다. 길의 끝에 세운상가가 버티고 서 있다. 또 하나는 대학로 이화사거리~율곡로14길~종로39길~동대문 헌책방 거리를 잇는 길이다. 두 개의 길은 모두 사선으로 흐른다. 완만하게 굽은 길 끝에는 청계천이 있다. 첫 번째 길은 예전에 남산의 북쪽에서 시작하는 필동천이다. 두 번째 길은 홍덕동천인데 창덕궁 뒷산과 낙산 서쪽 물이 이 개천으로 흘러들었다. 물길은 사라졌지만 흔적은 이처럼 대부분 남아 있다. 물이 흐를 때는 양옆으로 집들이 처마를 맞대고 줄줄이 늘어서 있었고, 물길 옆으로 난 길은 그나마 큰길이었을 테다. 서울을 근대 도시로 재편하며 새로 낸 큰길들은 동서와 남북 축이었으니 굳이 물길을 없앨 필요는 없었다. 이 과정에서 옛 물길들은 새로 난 큰길들에게 자리를 내주고 현대로 넘어오며 시멘트 뚜껑이 덮이고 뒷골목이 되었다.

하천을 덮어 만든 길은 조금만 눈여겨보면 알 수 있다. 주변 도로는 반듯반듯한데 필동천과 홍덕동천처럼 혼자서 구불구불 흘러간다. 좁은 길에 맨홀이 지나치게 많거나, 넓은 길 한복판에 이음매가 있거나, 도로를 가로지르는 균열이 보이기도 한다. 이음매가 있다면 예전 청계천처럼 교량 방식으로 복개했을 가능성이 크다. 물길에 PC박스(precast concrete box: 공장에서 만든 속이 빈 사각형 콘크리트 구조물)를 묻어 이어붙인 자리는 포장을 해도 균열이 생긴다. 무엇보다 길 위에 큼직한 사각형 철판이 있다면 복개천이 틀림없다. 사각철판은 PC박스를 보수하기 위한 자재와 작업자가 드나드는 통로로 둥근 맨홀 뚜껑보다 훨씬 크다.

청와대 동쪽 - 삼청동천

1965년 이전에는 경복궁 동쪽 담장 옆으로 물이 흘렀다. 삼청동천이다. 지금의 삼청로, 그러니까 동십자각에서 건춘문을 지나 삼청공원 쪽으로 올라가는 길과 같다. 백악산 동쪽과 숙정문 쪽 골짜기에서 내려오는 물이 이리로 모여든다. 삼청동천 안에는 동네 우물이 있었다. 창덕궁 옆 원서동, 청계천과 함께 장안 3대 빨래터로 꼽혔다. 주민들은 북창교, 장원서교, 장생전교, 십자각교, 중학교, 혜정교 같은 다리들을 건너다녔다. 교보문고 뒤에서 광화문우체국 쪽으로 종로를 건너가는 다리인 혜정교는 포청교, 혜교, 세장교로도 불렸다.

경복궁 동문인 건춘문 앞을 흐르던 삼청동천. 담장의 끝에 동십자각이 보인다. (사진 출처: 국립중앙박
물관)

1926년에 돌다리를 콘크리트다리로 바꾸면서부터 복청교로 이름을 바꿨다. 1966년에는 황낭한 사건도 있었다.

> 국군의날 서울 태평 세종로 일대에서 있을 국군 퍼레이드를 앞두고 서울시는 도둑이 지하 철근을 빼어가 중장비의 통과가 위태로운 광화문 우체국 앞 복청교 복개보수공사를 서두르고 있다. 서울시는 작년 12월 현장조사를 통해 복청교의 주철근 18개 중 13개 (무게 약 5톤. 시가 15만 원)를 도둑맞은 것을 발견했으나 그동안 방치, 국군의날 퍼레이드가 다가오자 최근 뒤늦게야 보수공사에 착수했다.[54]

현재 삼청동천 물길을 마지막으로 볼 수 있는 지점은 두 곳이다. 하나는 삼청테니스장이다. 종로11번 마을버스 종점에서 100미터쯤 위에 있다. 여기서 물길은 테니스장 아래로 들어간다. 또 한 곳은 역시 마을버스 종점에서 길을 건너 왼쪽 골목길로 조금 들어가면 된다. 주택들 사이로 난 좁은 개울에 거짓말처럼 맑은 물이 흘러 길 아래로 사라진다. 이 두 개의 물길이 땅속에서 만나 삼청로를 따라 내려간다. 길 아래에는 철근콘크리트로 만든 인공수로인 암거(暗渠)가 묻혀 있다. 뚜껑이 있는 수로를 암거, 없으면 개거(開渠)라 한다. 거(渠)는 도랑을 말한다. 관련 업계에서나 쓰는 용어이니 보통사람들은 무슨 말인가 하겠다. 덮은 도랑, 터놓은 도랑이라고 부르면 쉬울 텐데.

삼청로를 따라 내려가면 갖가지 모양의 맨홀이 수시로 나타난다. 틈틈이 나타나는 사각철판은 총리공관 입구 삼거리, 청수정, 우

종로11번 마을버스 삼청동 종점에서 왼쪽 주택가로 들어가면 지금도 물이 흐르는 모습을 볼 수 있다. 물길은 여기서 땅속으로 들어가 삼청테니스장 쪽에서 내려오는 물길과 만난다.

리은행, 삼청파출소 앞 마을버스 정류장을 지나 경복궁 담장을 따라 동십자각 쪽으로 섬처럼 이어진다. 간격은 일정하지 않다. 삼청동천을 덮으며 동네 풍경이 크게 달라졌다. 돌다리 아래서 빨래하는 아낙들도, 멱 감으며 노는 아이들도 사라졌다.

동십자각에서 청계천까지를 따로 중학천이라 불렀다. 조선 사부학당(중부, 동부, 남부, 서부) 가운데 하나인 중부학당 앞을 흘러서 붙은 이름이다. 천 옆에 조선 개국공신 정도전 집터가 있었다. 정도전은 1398년 1차 왕자의 난 때 이방원에게 죽는다. 그 뒤 정도전 집 마구간 자리에 사복시(司僕寺)가 들어섰단다. 왕실의 말과 마구를 관리하는 관청이다. 일제강점기 사복시 터는 군마대와 수송공립보통학교, 광복 뒤에는 서울지방경찰청 기마대가 됐다. 지금의 이마(利馬)빌딩, 종로구청, 종로소방서 자리다. 중학천 인근에 있는 청진동은 오가는 사람이 끊이지 않으니 예나 지금이나 음식점과 주점이 많다. 일제강점기이던 100년 전 풍경을 잠깐 구경하자. 당시 말은 지금과 꽤 다르니 요즘 말로 옮긴다.

● 청진동 명물은 부랑자들이 좋아하는 내외주점입니다. 호수 육백 호에 내외주점만 열한 집이나 되고 보니 이 동네의 대표적 명물로는 당당하지 않습니까. 이 당당한 명물이 작년에는 삼십여 호, 재작년에는 사십여 호나 있었더랍니다. 참 그때에야 굉장하였겠지요. 열 집에 내외주점 하나씩! 장관이었겠습니다.

● 내외주점의 역사를 캐어보면 옛날에는 이름과 같이 아낙네들이 술상만 차려내 보내고 내외를 착실히 하던 술집이었더랍니다. 이것이 차차 개명하여서 내외법이 없어지고 술상 옆에 붙어 앉아 웃음을 팔며 노래를 팔더니 나중에는 매음까지 하게 되어 요사이에는 내외주점 하면 밀매음이 연상되게 되었답니다.

● 내외주점을 찾아가면 으레 기름때가 꾀죄죄 흐르는 젊은 계집이 한둘씩 있지요. 이 계집들이 이제 말한 그것인데 너무 풍기를 교란함으로 경찰서에서는 내외주점 허가를 안 내어준답니다. 이 까닭으로 해마다 해마다 내외주점이 줄어들어서 요사이에는 이미 서산의 비경에 들었답니다. 일동의 명물 내외주점도 칼 찬 나리 세력에게는

꿈쩍을 못하는 모양입니다.[55]

2009년 서울시는 교보문고 뒤쪽인 청계천에서 종로구청까지 340미터를 중학천이라는 이름으로 복원했다. 하지만 자연하천과는 거리가 먼 전시용 인공하천일 뿐이다.

청와대 서쪽 - 백운동천

백악산과 인왕산 사이 능선에 창의문(자하문)이 있다. 이 일대를 조선 시대에는 백운동이라고 불렀다. 청계천 본류인 백운동천이 출발하는 지점이다. 이곳에서 경복궁역으로 내려가는 자하문로 왼쪽이 옛 물길이다. 자하문로를 따라 내려온 물길은 경복궁역에서 살짝 방향을 틀어 세종문화회관 뒤편으로 흐르다가 동아일보사 앞에서 청계천으로 들어간다.

백운동천은 청풍계, 옥류동천, 사직동천, 경희궁내수, 경복궁내수 등을 지류로 거느렸다. 경복궁내수를 빼고는 모두 인왕산에서 흘러내린다. 이중 가장 큰 물길은 옥류동천으로 지금의 우리은행 효자동지점 앞에서 합류한다. 사직단을 빠져나온 사직동천은 서울시경 앞으로, 경희궁에서 나온 내수는 세종대로 사거리 쪽으로 흘렀다. 경복궁내수는 경회루 남쪽에서 정부서울청사 뒤를 지나 백운동천과 합류했다. 정선, 정철, 김상헌, 김정희, 이중섭, 박노수, 신익희, 이상

경복궁역 주변 자하문로에 있는 사각 철판. 아래에 백운동천 물길이 있다.

범, 홍종문 같은 이들이 살던 집이 물길 옆이나 가까이에 있다.

백운동천은 1930년 이전에 대부분 땅속으로 들어갔다. 1925년에 도렴동~내자동 구간을,[56] 1926년에서 1929년 사이에는 내자동~신교동 구간을 덮었다.[57] 경복궁역 버스정류장 앞길에 있는 사각철판 역시 백운동천 지하물길로 들어가는 작업자 통로다. 새문안로5가길(세종문화회관 뒷길) 경복궁역 입구에 있는 하수구는 바닥이 깊어 보이지 않는다. 그 아래에 옛 물길이 있다. 경복궁역 사거리에 있던 금천교는 금청교 또는 금충교라고도 불렀는데 고려 충숙왕 때 만들었다는 주장이 있다. 그렇다면 서울에서 가장 오래된 다리인 셈이다.

경복궁 안의 금천교와는 관련이 없다.

자하문로는 1978년에야 지금처럼 4~6차선의 넓은 길이 됐다. 백운동천을 덮고, 그 오른쪽에 늘어서 있던 주택들이 도로부지로 들어가면서다. 1986년 자하문터널이 뚫리기 전까지는 경기상고 앞까지만 길이 나 있었다. 이때까지 광화문에서 세검정으로 넘어가는 길은 칠궁 옆으로 난 창의문로밖에 없었다.

광화문광장 개선공사를 하며 땅을 파니 옛 문헌과 지도로만 보던 조선 시대 육조거리가 드러났다. 본래의 자연퇴적층 위에, 임진왜란 전후, 경복궁 중건기, 일제강점기, 현대가 시간별로 착착 쌓여 있다. 물길도 드러났는데 위치로 보아 경복궁내수가 아닌 하수를 흘리던 도랑으로 보인다.

청와대 남쪽 - 대은암천

청와대 뒤에서 흘러내려 경복궁으로 흘러 들어가는 하천 이름이 대은암천이다. 대은암은 백악산 남쪽에 있다는 바위다. 위치는 정선이 남긴 그림으로 추측할 수 있을 뿐 정확하게는 아직 밝혀지지 않았다. 대은암천은 경복궁으로 흘러들어가 금천이 된다. 금천은 궁궐이나 왕릉에 들어가며 건너는 물길을 말한다. 물을 건너며 몸과 마음을 단정히 한다는 의미가 있다. 궁궐마다 금천이 있는데 경희궁내수(경희궁), 정릉동천(덕수궁), 옥류천(창경궁), 북영천(창덕궁)이 그들이

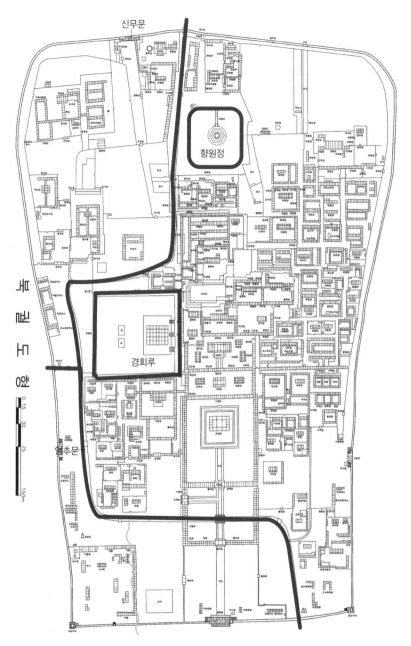

신무문

향원정

경회루

북궐도형

0 15 30 75 150m

영추문

〈북궐도형〉에 보이는 경복궁 내 물길. 〈북궐도형〉은 일제가 경복궁을 훼손하기 직전의 모습을 담은 그림이다. 왼쪽 영추문 위쪽으로 담장 밖에서 들어오는 물길이 대은암천이다.

다. 금천의 물은 궁궐에 불이 나면 소방수가 된다.

경복궁으로 흘러들어가는 물길은 2개다. 1번 물길은 청와대 관저~녹지원~경호실과 여민관 사이 버들마당~신무문 오른쪽 담장 아래 수문~향원정~경회루로 흐른다. 청와대 앞길만 지하로 흐르고 나머지 구간은 온전히 드러나 있다. 물길이 지나는 청와대 녹지원 일대는 숲이 우거져 운치 넘친다.

2번 물길이 대은암천인데 모두 땅속으로 들어갔다. 경로를 영빈관~분수대~청와대사랑채~자하문로24길~효자로9길(202경비대 앞길)~영추문 북쪽 담장으로 추정한다. 꼬불꼬불한 골목이 많은 동네이지만 이 길은 둥글게 돌며 경복궁 쪽으로 이어진다. 영빈관 부근이 조선 시대에 임금이 손수 농사짓던 팔도배미 자리였으니 당연히 개울이 있었겠고, 이 물이 효자동과 창성동을 지나 궁 안으로 들어갔을 테다.

그런데 이 물길의 발원지가 아리송했다. 지형으로 보면 본관 뒤쪽 계곡일 가능성이 큰데 본관과 영빈관 사이를 야트막한 능선이 가로막고 있기 때문이다. 본관 일대 땅 모양을 살펴보다가 의문을 풀었다. 본관과 대정원이 있는 자리는 본래 깊은 계곡이었다. 공사를 하며 대형 콘크리트 수로를 묻어 물길을 만들고 그 위에 본관과 대정원을 조성했을 터였다.

본관 오른쪽 별채 옆에 있는 키 큰 소나무가 그 증거다. 5미터 깊이의 돌담 안에 있는 밑동에서 가지가 갈라져 밖에서 보면 두 그루로 보인다. 본관을 지을 때 그만큼 흙을 돋운 흔적이다. 이런 보호

대은암천의 흔적을 보여주는 본관 앞 소나무와 그 밑동. 본관을 지을 때 나무를 살리려 주변에 축대를 쌓았다. 안쪽을 들여다보면 바닥이 깊어 어둡다.

조치가 없이 그냥 흙을 덮었으면 소나무는 죽었을 테다. 영빈관으로 내려가는 쪽 계곡은 흙을 돋워 둔덕을 만들어놓았다. 대은암천의 상류인 본관 뒤 계곡~대정원~영빈관 물길의 퍼즐이 꿰어지는 순간이었다. 땅의 이력을 돌아보지 않으면 알 수가 없는 노릇이다. 대은암천이 경복궁으로 들어가는 자리인 영추문 가까이 있던 다리가 서금교다. 금천의 서쪽에 있는 다리라는 뜻이다.

1번과 2번 물길은 경회루 옆에서 만나 남쪽으로 흐르다가 동쪽으로 90도 꺾는다. 이 지점에서 경복궁내수가 갈라져 남쪽으로 나

진명여고 터 옆으로 구불구불한 골목이 있다. 대은암천 물길 위를 덮어 낸 길로 보인다. (지도 출처: 네이
버지도)

가고, 대은암천(금천)은 홍례문과 근정문 사이를 흘러 궁궐 담장을 빠
져나간 뒤 동십자각 남쪽에서 삼청동천과 만난다. 2번 물길 대은암
천처럼 녹지원에서 빠져나오는 1번 물길에도 본래 이름이 있을 텐데
기록을 찾지 못했다.

　어둠 속에 있던 청계천은 다시 햇살 아래로 나왔다. 뚜껑이 열리
며 물이 흐르자 온통 잿빛이던 주변이 슬금슬금 녹색으로 물들기 시
작했다. 이제 훌쩍 자란 나무들은 너른 그늘을 드리우고 있다. 물속
에는 한강에서 올라온 물고기들이 지천이고, 돌에는 다슬기들이 다

닥다닥 붙어있다. 물가 산책로는 주변에서 일하는 직장인들과 나들이 나온 사람들로 북적인다. 작은 물길 하나 덕에 삭막하던 도시가 풍요로워졌다. 청계천으로 흘러들던 크고 작은 개울들은 여전히 묻혀 있다. 물길들이 다시 살아나면 서울은 자연스레 생태환경 도시가 될 테다. 청와대와 경복궁 일대를 흐르던 옛 물길들이 다시 햇살 아래로 나올 날을 기다린다. 발아래에 서울의 과거와 미래가 있다.

맨홀 뚜껑 박물관

옛 물길의 흔적을 찾아 땅바닥을 보고 다니면 뜻밖의 재미를 만난다. 맨홀 뚜껑 구경이다.

맨홀은 땅속에 묻힌 갖가지 용도의 시설물을 점검하고 보수하거나 청소하기 위해 작업자가 출입하는 수직통로다. 관로 중간에 뚫어놓은 이 구멍은 철판 뚜껑으로 막아둔다. 뚜껑에는 상수, 우수, 오수, 전화, 전기 등 용도가 새겨져 있다. SK, KT 같은 통신업체 로고도 보인다. 크기와 모양과 무늬가 가지가지다. 제작업체, 지자체 등 설치하는 주체에 따라 다르고, 용도에 따라 다르고, 제작 시기에 따라 다르다. 소화(昭和)라고 새겨진 일제강점기에 설치한 뚜껑까지 있으니 말이다. 뚜껑에는 사람이나 차량이 밟고 지나갈 때 미끄러지지 않도록 요철을 새겨 넣는다. 매끄러운 철판은 비나 눈이 내리면 흉기가 된다. 폭우 때는 무조건 맨홀을 피할 일이다. 한꺼번에 몰려드는 빗물을 이기지 못해 육중한 맨홀 뚜껑이 튀어 오르면 재앙이다.

빗물이 들어가는 우수 뚜껑에는 구멍이 숭숭 나 있지만 오수관 뚜껑에는 구멍이 없다. 냄새를 막고 빗물 유입을 막으려는 목적이다.

맨홀 뚜껑은 하이힐의 적이다. 무심코 밟았다가 뒤축이 구멍에 끼어 오가도 못하는 경우가 있기 때문이다. 필요는 발명을 낳고, 불편은 개선을 낳는다. 서울 서대문구가 한국친환경연구원과 함께 이를 해결한 뚜껑을 개발해 설치했다. 원리는 간단하다. 구멍 폭을 기존 30밀리미터보다 훨씬 작은 8밀리미터로 줄였다. 대신 수를 25개에서 72개로 늘려 전체 환기구 면적은 유지했다. 뚜껑 안쪽의 에코볼은 평소에는 구멍을 막아 악취를 차단한다. 하수관에 가스가 차거나 빗물이 하수관으로 들어오면 위로 떠올라 물과 가스를 배출한다.[58]

맨홀 뚜껑은 상상외로 무거워 지름 60센티미터 원형 뚜껑이 140킬로그램 정도다. 대개 100~200킬로그램이 나가니 도구를 이용하지 않고는 움직이기 힘들다. 고철 값이 제법 비싸 외환위기 때는 한적한 곳에 있는 뚜껑을 훔쳐가는 일이 많았다.

여기서 누구나 한번쯤 생각해봤을 문제, 이 무거운 뚜껑이 구멍으로 떨어지지는 않을까. 그랬다가는 아래서 작업하는 사람이 큰일 나니 말이다. 밟는 순간 밑으로 푹 빠질까 겁이 나 뚜껑을 피해 다니는 사람도 많다. 주택 가까이 있는 맨홀은 정화조일 가능성도 높다.

원형 뚜껑이 아래로 떨어질 가능성은 0퍼센트다. 수학의 정폭도형 원리를 이용해 만든 뚜껑은 빠지지 않는다. 정폭도형(正幅圖形)

은 도형과 접하는 두 평행선 사이의 거리가 항상 일정하다. 바닥에 굴리면 중심 높이는 달라질 수 있지만 도형 높이는 변하지 않는다. 원과 뢸로다각형이 여기에 해당한다. 기타의 피크가 뢸로삼각형이다. 정폭도형은 폭이 일정하기 때문에 돌리거나 세워도 빠지지 않는다. 정폭도형이 아닌 삼각이나 사각형 뚜껑은 세워서 살짝 돌리는 순간 구멍 아래로 떨어진다. 직경이 뚜껑 폭보다 크기 때문이다.

원형 뚜껑이 많은 이유가 있다. 둥근 모양 관로가 많고, 지름이 일정하니 압력을 똑같은 힘으로 분산하고, 덕분에 들썩거리지 않고, 작업자가 굴려서 움직일 수 있기 때문이다.

도로는 맨홀 뚜껑 백화점이고, 서울에서 가장 오래된 동네인 경복궁과 청와대 일대는 맨홀 뚜껑 박물관이라 할 만하다.

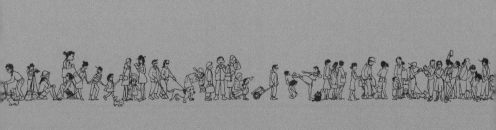

10장
백악산
가는 길

움푹한 확으로 흘러내리는 물

2022년 4월 6일 백악산 남측 탐방로가 열렸다. 이로써 백악산 일대의 모든 등산로는 출입금지가 풀렸다. 문재인 대통령 퇴임 직전이었다. 삼청 안내소~만세동방 약수터~청운대 쉼터~청운대 전망대~법흥사 터~삼청 안내소로 돌아오는 코스다. 여유 있게 걸어 2시간 정도 걸린다. 코앞에 청와대가 있지만 숲이 우거지고 능선에 가로막혀 보이지 않는다. 경사가 급한 길을 헉헉대며 올라가다 보면 7부 능선 즈음에 만세동방 약수터가 나온다. 등산객들이 땀을 식힐 겸 꼭 쉬어가는 쉼터이기도 하다. 바위 안에서 흘러나온 물이 확으로 떨어진다. 움푹한 모양으로 보아 정으로 쪼아 만들었을 테다. 가뭄이 심해

백악산 남측 등산로에 있는 만세동방 약수터. '만세동방 성수남극'이라는 한자가 선명하다. 오른쪽 사진은 확의 모습을 확대한 것이다.

도 물은 끊이지 않고 졸졸 흐른다. 고개를 들어보면 바로 위에 '만세동방 성수남극(萬世東方 聖壽南極)'이라는 글자가 큼직하게 새겨져 있다. 쉽게 말해 "전하 오래오래 아주 오래 사세요"라는 뜻이다. 삼청동 주변 소문난 샘들처럼 이 샘물도 진상용이었단다. 그런데 이번엔 임금이 아니라 이승만 대통령이다. 이게 사실이라면 그즈음 아래쪽 삼청동 샘물을 마실 수 없었다는 얘기다. 한국전쟁 뒤 서울 인구가 팽창하며 안전하게 마실 물이 부족하던 시기다. 상수도망도 취약해 한강에서 취수한 수돗물을 시간제로 공급하기도 했다. 지금은 약수터 앞에 이 물은 마실 수 없으니 손이나 얼굴을 씻으라는 안내문이 붙어 있다.

돌을 깎아 만든 계단과 기둥을 박았던 구멍은 한때 누군가 집을 짓고 살았던 흔적이다. 청와대 덕에 서울국유림관리소 소속 산불감시원이 상주한다. 이들은 다른 지역보다 1시간 빠른 오전 9시부터 근무한다. 일당 7만 3280원인 산불 감시원이 되기는 쉽지 않다. 15킬로그램짜리 등짐을 메고 2킬로미터 걷기 시험을 하고 기계톱질 솜씨도 본다. 재산이 4억 원을 넘으면 응시를 제한한다. 고등학교나 대학교 재학생도 안 된다. 산 일 할 시간에 공부를 더하라는 뜻이겠다.

18.8킬로미터 한양도성의 원점

조선왕조는 1392년 개경(개성)에서 출발했다. 2년 뒤 태조 이성계는 한양으로 도읍을 옮긴다. 한양 건설 속도는 빨랐다. 1395년에 경복궁의 첫 궁궐이 모습을 드러냈다. 이듬해에는 한양 경계선이자 방어진지인 도성을 쌓는다. 둘레 18.8킬로미터 성곽을 98일 만에 쌓았다. 180미터씩 97개 구간으로 나눠 동시다발로 공사한 덕분이다. 서울시립대 신희권 교수는 한국 축성사에서 "최대 규모, 최다 인력, 최단 공기, 최장 도시성벽 역사를 기록한 4관왕짜리 그랜드슬램 도성"이라고 표현했다.[59]

구간 이름은 백악산 정상을 기점으로 천자문 순서에 따라 붙였다.

한양의 경계선이자 방어진지인 한양도성. 지금은 걷기 코스로 인기 만점이다.

백악산 정상에 있는 표석과 알바위. 알바위에는 '명식, 제정흡, 조민곤' 세 명의 이름이 새겨져 있다. 한 사람은 돌을 쪼다 말았는지 성만 새겨 놓았다.

시계방향으로 첫 구간이 하늘 천(天), 마지막 구간이 조상할 조(弔)로 첫 글자와 97번째 글자가 원점에서 만난다. 성곽의 중심이 백악산이라는 의미다. 흔히 북악산이라고 하지만 백악산이 정확한 이름이다. 행정 명칭도 백악산이다. 정상에 있는 표석에는 '백악산(白岳山) 해발(海拔) 342미터'라고 새겨져 있다. 산꼭대기에 바위 둘이 있는데 그 중 큰 바위에 오목한 홈이 몇 개 있다. 선사시대 이래 소원을 기원하며 표면을 오래도록 갈고 파낸 흔적이다. 성혈(性穴), 알바위, 알터, 알홈 등으로 부른다. 이런 이름을 가진 바위는 여기 말고도 전국 곳곳에 있다.

세월이 흐르며 허술해진 도성은 세종, 숙종, 순조를 거치며 보수한다. 하지만 일제강점기와 한국전쟁 뒤의 혼란기를 거치며 크게 망가졌다. 허물어진 성곽이 등산로가 되고, 그 위에 집들이 들어서고, 빼낸 돌을 건축자재로 쓰기도 했다. 다시 성곽을 정비하며 전체 구간의 70퍼센트 정도가 모습을 되찾았지만 나머지 도심 구간은 건물이나 도로가 들어서 있다.

도성을 따라 걸으면 성벽의 변천사를 고스란히 읽을 수 있다. 서울시립대 연구팀에 따르면 천자문 구간 표식 97개 중 58개가 남아 있다. 걷다가 돌에 새긴 표식이 보이면 외쳐보시라. "심봤다!" 휴대전화에 '서울 한양도성' 앱을 깔면 길 안내뿐만 아니라 오디오 해설까지 해준다. 무리하지 않고 한 바퀴 도는데 10시간 정도 걸린다.

청와대를 곧바로 들어가는 흔한 방법도 있지만, 도성 따라 걷다가 백악산에서 내려와 들어가면 뒤통수치는 재미가 있다.

8부 능선에 튀어나온 거북머리

백악산 남쪽 8부 능선에 부아암(負兒岩)이 있다. 광화문 쪽에서는 돌출부위가 드러나지 않지만 동쪽이나 서쪽에서 보면 멀리서도 뚜렷하게 보인다. 포개진 바위가 아이를 업고 있는 모습처럼 보인다고 이런 이름이 붙었다. 바위들이 3단으로 비스듬하게 얹혀 있어 미끄

정선이 그린 부아암. 남측 탐방로를 걸어 만세동방 약수터 가는 길에 찍은 사진 속 부아암과 비교해보면
거북머리 모양을 강조했음을 알 수 있다. (그림 출처: 개인 소장)

러지지 않을까 불안한 느낌도 준다.

부아암은 해태바위라고도 부르는데 여기에는 풍수와 관련된 이야기가 따른다. 요약하면 이렇다. 조선이 한양에 도읍을 정할 때다. 무학대사는 백악산 남쪽에 궁궐을 세우면 정면으로 보이는 관악산 불기운 때문에 200년 뒤에 화마를 입는다고 반대했다. 정도전은 해태바위가 물을 상징하고 앞에 한강이 있어 그럴 리 없다고 했다. 정도전 의견이 받아들여졌지만 200년 뒤 임진왜란이 일어나 경복궁은 불타버렸다. 정도전이 관악산 불기운을 막으려 바위를 옮겨놓았다는 또 다른 버전의 전설도 있다. 재미 삼아 주고받을 수준의 이야기다.

백악산 아래 살았던 겸재 정선은 주변 풍경을 그림으로 여러 점 남겼다. 그림 속 백악산은 실제보다 과장을 해 울퉁불퉁하다. 백악산이 한양의 현무(玄武)임을 강조하기 위해서였다. 현무는 북쪽을 지키는 상상 속 동물로 거북모양을 하고 있다. 그림의 부아암이 거북머리 모양을 하고 있는 이유다.

갑자기 화제가 된 절터

백악산 등산로 중 마지막으로 개방한 남쪽 중턱에 절터가 하나 있다. 신라 증평왕 때 지은 절이라는 말만 있지 기록이 없다. 법흥사라는 이름도 확실하지 않다. 연굴사 터라는 주장도 있다. 1503년《연

백악산을 오르다가 쉬어가기 딱 좋은 절터. 법흥사 터라고 하지만 확실하지는 않다.

산군일기》에 있는 "(연굴사와 복세암) 두 절이 대궐을 내려다본다 하여 철거하였는데, 다시 옮겨짓는다면 그 폐단이 적지 않을 것이요. 무식한 백성들은 반드시 국가에서 불교를 중히 여긴다 할 것이니…"라는 내용이 근거다.[60] 연굴사는 성종의 어머니 인수대비의 명복을 빌던 원찰이었다.

공간이 좁아 큰 절이 들어설 자리는 아니다. 옆에 있는 계곡에 물이 졸졸 흐르지만 가뭄이 들면 물 구하기가 쉽지 않을 지형이다. 1955년 지은 절집이 있었다 하나 지금은 축대와 주춧돌만 남아 있다. 지나치기 쉬운 평범한 폐사지인데 갑자기 화제가 됐다. 등산로 개방 기념으로 산행을 하던 문재인 대통령 부부가 절터 기둥받침돌에 앉아 쉬는 사진 때문이었다. 한 스님이 〈법보신문〉에 "사진을 보고 참담했다" "자신이 믿는 종교 성물이라도 이렇게 대했을까 싶다"고 쓰자 소란이 일었다. 별걸 다 가지고 트집 잡는다는 쪽과 부처님 모시는 자리에서 그러면 안 된다는 쪽으로 의견이 나뉘었다. 원주 거돈사지, 경주 황룡사지, 익산 미륵사지 같은 이름 난 폐사지에 가보면 돌 위에 올라가 '인증 샷' 찍는 사람들이 흔한데 말이다. 부처님이 이 모습을 봤다면 한 말씀 했겠다. "왜들 이러셔."

절터 계곡에는 언제부터인가 청둥오리 한 쌍이 산다. 봄이면 물길을 따라 오르내리며 올챙이를 잡아먹으며 영양보충을 한다.

북쪽으로 난 두 개의 문

도성 길을 걷다 보면 물병을 꺼내며 '여기서는 쉬어가야 해' 하게 되는 곳이 몇 있다. 백악마루의 동쪽과 서쪽 관문인 숙정문과 창의문도 그렇다. 한양도성에는 대문이 넷 있다. 흥인문(동쪽 동대문), 돈의문(서쪽 서대문), 숭례문(남쪽 남대문), 숙청문(북쪽 숙정문)이다. 이들 사이에 또 4개의 소문이 있다. 홍화문(북동쪽 동소문 또는 혜화문), 광희문(남동쪽 수구문), 소덕문(남서쪽 소의문), 창의문(북서쪽 자하문)이다. 대문은 홍화문으로 큰 가마가 드나들 수 있고 문루가 2층이다. 왕과 왕비의 장례는 대문으로 나가지만 그 아래 모든 장례는 소덕문과 광희문으로 나갔다. 남산 자락 지금의 반얀트리클럽 앞에 남소문이 있었지만 도적 소굴이라는 이유로 일찌감치 없어졌다. 문과 문 사이에는 조그마한 암문들이 있었다.

청와대 뒤편에 있는 숙정문과 창의문은 북쪽으로 나가는 문이다. 숙정문이 형뻘이고 창의문이 아우뻘이다. 이 둘은 만들어 놓고도 태종 때부터 오랫동안 사람이 드나들지 못했다. 풍수상 북쪽 문을 열어두면 여풍(女風)이 분다거나, 왕실에 변고가 생긴다는 얘기 때문이었단다. 비가 많이 내리면 숙정문을 닫고 남대문을 열기도 했다. 중종 때 비로소 문을 열어 통행을 허락했다. 얼마 뒤인 1623년 인조반정이 일어났다. 광해군을 몰아내려는 병력이 창의문으로 들이닥쳐 창덕궁으로 향했다. 밀고자가 있어 광해군은 이 사실을 알고 있었지만 주연을 벌이며 놀다가 대처하지 못했다. 결국 대궐 뒷문으로

한양 사대문 중에 유일하게 사람이 지나다닐 수 있는 숙정문.

달아났다가 붙잡혀 강화도로 귀양 갔다. 문을 연 뒤에 왕실에 변고
가 났으니 예언이 맞긴 맞은 셈이다. 숙정문은 본래 현재보다 살짝
서쪽에 있었는데 연산군 때 성곽을 보수하며 지금 자리로 옮겨 앉았
다. 세월이 흘러 지금은 사대문 중 유일하게 사람이 지나다니는 문
이 됐다.

11장
청와대서
용산까지

한양천도의 정치학

지도에서 북한산 관악산을 선으로 연결하면 재미난 사실이 드러난다. 일직선 위에 백운대, 백악산, 청와대, 경복궁, 경희궁, 덕수궁, 서울시청, 숭례문, 용산 대통령 집무실, 용산역, 동작동 국립서울현충원, 연주대가 큰 편차 없이 좌우를 오가며 놓여 있다. 고려, 조선, 일제강점기, 한국전쟁을 거쳐 현재에 이르는 서울의 역사가 하나의 선 위에 담겨 있는 셈이다.

건축가 승효상은 "북한산~관악산 축은 정도전이 한양을 설계한 기본축인데 오늘날에도 국가 축의 상징성을 가지고 있다"고 본다.[61] 풍수에서 말하는 백악주산론과 같은 맥락이다. 이에 대한 반론도 만

만찮지만 말이다. 신라 말에 중국에서 들어온 풍수도참 사상은 고려를 거치며 정교해졌다. 불교나라에서 유교나라로 바뀌었지만 주류 세력의 정신세계를 지배해온 이념은 그만큼 빨리 변하지 않는다. 조선의 지리학 시험에 풍수가 있었다. 한양 천도에 관련한 풍수 이야기는 믿거나 말거나 흥미진진하다.

조선을 열며 개경을 뜨기로 한 이성계는 측근들과 함께 후보지들을 꼼꼼히 돌아봤다. 풍수도참에 밝은 하륜은 계룡산도 한양도 아니라며 신촌 일대 무악을 추천했다. 최종 낙점지는 백악산 아래였다. 이 과정에서 무학대사와 삼봉 정도전 사이에 있었다는 논쟁은 앞에서 이야기한 대로다. 요약하면 이렇다.

태조: 어디가 좋겠어요?

무학: 인왕산을 진산으로 해서 백악을 좌청룡, 남산을 우백호로 하세요.

삼봉: 모든 임금은 남쪽을 보고 나라를 다스렸습니다. 동향의 대궐은 처음 듣습니다.

무학: 백악산 아래 궁터를 잡으면 골육상잔이 일어나고, 200년 뒤에 내 말을 다시 생각할 것입니다만.

조선 중기 차천로(1556~1615)가 쓴 《오산설림초고(五山說林草藁)》에 나오는 내용이다. 이 책은 여말선초 항간의 갖가지 속설을 모아 만든 야담집으로 신빙성이 떨어진다. 이성계, 무학, 서경덕, 세조, 홍윤

성 같은 인물뿐 아니라 소춘풍이라는 기녀 얘기도 들어가 있다. 결과를 꿰맞춘 느낌도 준다. 자료를 바탕으로 연구하는 학자들은 다르게 생각한다. 조선 시대 서울 전문가 홍순민 선생은 말한다.

"무학대사는 공식 기록에 잘 안 나와요. 이성계의 왕사(王師)이지만 승려이니 조정회의에 참여할 수 없으니까요. 그러니 정도전과 논쟁을 했다는 얘기는 성립하기 힘들지요. 실록을 보면 이성계가 무악을 둘러보는데 일행 사이에서 의견이 갈려요. 뒤이어 남경 행궁에 가서 여기는 어떠냐고 물어요. 그때 무학이 '사면이 높고 수려하며 중앙이 평탄하니 성을 쌓아 도읍을 정할 만합니다. 하지만 여러 사람 뜻을 따라 결정하세요'라고 하지요. 이 자리에 정도전은 없었을 거예요. 그러니 무학과 정도전이 갑론을박했다는 얘기가 말이 안 되지요."

야담은 새끼를 치며 전설이 된다.

"조선건국 200년 뒤인 1592년에 임진왜란이 일어나요. 《오산설림초고》는 그 즈음에 쓰였는데 자료나 근거가 아닌 떠도는 얘기를 모아 놓았어요. 도읍을 잘못 잡아서 나라가 어렵다는 생각이 깔려 있어요. 그런데 후대 사람들이 기록을 인용하면서 이야기가 확대 재생산돼 점점 정설처럼 돼버린 거지요."

이중환의 《택리지》〈경기편〉에도 전설 같은 얘기가 나온다. 무학이 북한산 백운대로부터 만경대를 거쳐 비봉에 이르니 '길을 잘못 찾아 여기 오다'라고 쓰인 비석이 서 있더란다. 이에 길을 바꿔 백악 아래 이르러 지형을 보고 궁성 터로 정했다는 내용이다. 재미는 있지만 그 이상은 아니다. 이를 뒷받침할 근거가 없기 때문이다.

"현대를 살아가는 한국인에게는 불교나 유교뿐만 아니라 기독교 같은 서양의 사고방식이 다 들어 있잖아요. 조선 시대도 마찬가지예요. 한양천도 논쟁의 바탕에는 자연과 조화를 중시하는 동양철학이 기반에 깔려 있어요. 물론 풍수도 그 안에 녹아 있었지만 지배적 논리에 끼지 못했어요. 천도는 이성계의 의지가 가장 중요했지요. 변방인 함경도 출신 촌닭이니 개경에서 힘이 없었거든요. 대대로 살아온 고려 토착 세력을 쥐고 흔들려면 판을 바꿔야지요. 신하들을 끌고 천도 후보지를 다니면서 명분을 쌓고 절차를 밟아 밀어붙인 거지요."

짜고 친 고스톱

도읍을 개성에서 서울로 옮기려는 움직임은 고려 중기부터 있었다. 숙종(1095~1105) 때 지금의 서울인 양주목 남경이 후보지로 등장한다. 일대를 돌아본 조사단은 노원, 용산, 도봉 땅은 도읍으로 삼기에 부족하고 백악산 아래가 괜찮다고 보고했다. 전성기를 지나며 문벌 귀족과 무신 세력의 목소리가 더 커지고, 몽골의 침략으로 국력이 쇠퇴하던 시기였다. 분위기를 바꾸고 '영광이여 다시 한번'을 노린 계획이었다. 1104년 숙종은 남경 궁궐을 완성하고 잠시 머물렀지만 이듬해 세상을 떠났다. 후대 왕들도 이곳을 오갔으나 천도는 점점 동력을 잃어갔다.

　이런 고려를 뒤엎고 창업한 조선이었다. 한양 일대를 돌아보고 개경으로 돌아간 이성계는 도평의사사(오늘날의 국무회의)를 통해 천도를 건의하게 만들었다. 그러고는 일사천리였다. 왕과 핵심 측근들이 짜고 친 고스톱이었던 셈이다.

　"남을 사람은 남으셔. 나는 한양으로 가."

　칼자루를 잡은 최고 권력자의 선언에 누가 토를 달 수 있을까. 왕이 움직이면 국가체계가 함께 옮겨간다. 이때부터는 이전 반대가 아니라 어떻게 이전하느냐가 논의의 중심이 된다. 천도는 권력교체기 혼란을 한방에 날리고 기득권 세력의 간섭을 건너뛰며 단숨에 판을 바꿔버린 묘수가 됐다.

　그러니 풍수에 의존해 한양을 도읍으로 정했다는 말은 비약이다. 그보다는 천도를 뒷받침하는 논리의 하나로 보는 편이 옳겠다. 조선 초 유교와 불교 세력 간의 신경전, 개국 공신들 사이의 권력 다툼, 외적의 침입에 시달리던 후대의 희생양 찾기 등이 뒤섞이며 풍수가 부풀려졌을 테다. 실록에 있는 얘기에 야사를 얹어 초를 치고 야담을 더해 뻥튀기한 얘기는 그저 술자리 안주로 딱 좋다.

　천도는 어느 나라 어느 시대나 격렬한 논쟁을 불러일으켰다. 대통령 집무실을 청와대서 용산으로 옮길 때도 시끄러웠다. 수도 이전도 아니고 겨우 6킬로미터를 이동했는데 말이다.

수도를 옮기는 몇 가지 이유

역사 속의 수도 이전은 왕조 교체가 주된 이유였다. 수많은 나라가 명멸한 중국은 수도 족보도 그만큼 복잡하다. 서안, 회남, 소주, 한단, 안읍, 함양, 허창, 성도, 양주, 항주, 안양…. 이 중 장안, 낙양, 남경, 북경이 익숙하다. 일본은 나라와 교토를 거쳐 메이지 시대에 도쿄로 천도했다. 현대에 들어와서는 경제와 안보 이유가 크다. 브라질 수도는 본래 리우데자네이루였다. 5년간 조성 공사를 하고 1960년에 브라질리아로 옮겼다. 리우데자네이루에서 900킬로미터 떨어진 해발 1100미터에 세운 도시다. 국토 한가운데에 자리 잡아 내륙 개발 거점으로 만들려는 전략이었다.

파키스탄은 1967년 카라치에서 내륙 깊숙한 이슬라마바드로 수도를 옮겼다. 과밀 해소를 내세웠지만 쿠데타로 집권한 정부의 권력 안보 목적이 컸다. 독일은 1990년 통일 뒤 본에서 베를린으로 정부 핵심부처를 옮겨 원대 복귀했다.

2022년 러시아는 우크라이나를 침공하며 수도 키이우 함락을 노렸다. 국경에서 가깝기 때문이다. 실패로 끝났지만 우크라이나의 불안은 가시지 않고 있다. 2019년 인도네시아는 자바섬에 있는 수도 자카르타를 북동쪽으로 1000여 킬로미터 떨어진 보루네오섬 동칼리만탄으로 이전하겠다고 발표했다. 자카르타는 인구 집중과 과밀 개발로 지반침하가 심각하다. 동부 개발로 국토 균형발전을 꾀하려는 목적도 있다.

서울 한복판에 대일본이라니

풍수 얘기만 나오면 요즘이 어느 때인데 하며 손을 내젓는 이들이 있다. 그 바탕에는 한국사회의 지배 논리가 된 서구 합리주의가 있다. 지금 기준으로 과거를 재단하면 뭐든 촌스럽고 허술해 보인다. 고대 중국에서 비롯한 풍수 사상은 인간이 자연을 바라보는 인식체계의 하나다. 쉽게 말해 살기 좋고 죽어서 묻히기 좋은 땅을 보는 시각이다. 당연히 자연재해로부터 안전하고, 햇볕 잘 들고, 바람 잘 통하고, 물을 구하기 쉬운 땅이 명당이다. 대개 북쪽에서 내려오는 산줄기가 소멸하는 지점으로 앞에는 물과 들이 있는 자리다. 터가 작으면 마을이, 좀 더 크면 도시가, 아주 너른 땅이라면 도읍이 들어선다. 서울은 백두대간에서 갈라져 내려온 산줄기들이 한강 앞에서 흩어지는 자리에 있다. 반도의 중심이고 바다가 가까우니 뭍길로든 바닷길로든 사방에 닿기 쉽다. 풍수만이 아니라 현대 지리학의 눈으로 봐도 나무랄 데 없는 자리다.

풍수 논리는 서울 곳곳에 숨어 있다. 그 하나가 보토소(補土所)다. 백악산은 백두산에서 굽이쳐 내려온 수많은 능선의 끝가지 중 하나다. 산맥은 때로는 숨차게 때로는 숨을 고르며 달려온다. 북한산에서 뻗어온 보현봉 가지 하나가 백악산으로 내려올 때 형제봉을 지나며 급하게 떨어진다. 평창동과 정릉을 잇는 북악터널 위쪽이다. 왕실에서는 낮고 잘록한 이곳을 보토(補土, 흙을 채워 메움)해 도성과 궁궐로 내려가는 지맥을 강화했다. 여기에 총융청 관할 보토소를 두고 관리한 이유다. 김정호가 만든 것으로 추정하는 〈수선전도〉에 보현봉과 백악 사이에 보토소가 나온다. 광화문 앞 좌우 해태상과 숭례문 세로 현판은 관악산 화기를 막고자 함이고, 좌청룡의 허약한 산세를 보완하려 흥인문 현판에 지(之)를 더해 흥인지문이라고 했다는 얘기도 익숙하다. 하지만 근거가 희박한 얘기들이다. 해태는 강직한 성품을 상징하는 상상 속 동물이다. 본래 서 있던 자리는 사헌부 정문 앞으로 지금의 정부종합청사와 세종문화회관 사이 즈음이다. 그 앞에 말에서 내릴 때 밟는 노둣돌이 있었다. 여기서부터 궁궐이니 걸어서 들어가라는 표지판 구실을 한 것으로 보인다.

일본은 한자문화권 공통의 풍수 관념에서 일찌감치 벗어났다. 서구의 대포에 눌려 강제 개항하며 서구 지성체계를 받아들인 덕이다. 이후 과학기술을 바탕으로 근대 무기를 앞세워 한반도를 침탈하지만 조선 풍수에 대한 관심을 거두지는 않았다. 1931년 조선총독부 촉탁으로 근무한 무라야마 지준이 쓴 《조선의 풍수》에 이런 내용이 나온다.

(중략) 풍수가 적어도 십수 세기란 오랜 기간 한국 민속신앙체계에서 그 지위를 점해왔고, 고려를 거쳐 이조에서도 반도 어디를 가나 믿지 않는 자가 없을 정도로 일반에 보급되어 오늘에 이른 것이므로 타문화에 비해 그 지지의 강함과 폭이 넓은 것을 인정하지 않을 수 없다.[62]

일제의 조선 강점 과정에서 풍수에 얽힌 숱한 논란이 생겼다. 일제는 전국에 흩어져 있던 태실(왕손의 태를 묻은 자리)을 파괴하고 이를 고양시 서삼릉에 모아 놓았다. 비석 뒤에 일본 연호를 새겨 넣기도 했다. 조선 사람이 보기에는 명당자리에 있던 태실을 없애 왕조의 맥을 끊으려는 명백한 의도였다. 또 다른 예도 있다.

백악산에서 도성 성곽을 따라 내려오다 보면 숙정문 못 미쳐 촛대바위가 있다. 여기서 정남쪽에 경복궁이 있다. 바위 꼭대기에는 돌 하나가 박혀 있다. 일제가 박아놓은 쇠말뚝을 뽑아내고 그 자리를 메운 돌이라는 설명이 따른다. 속리산, 추풍령, 북한산…. 한반도 곳곳의 혈에 말뚝을 박고, 길을 내며 지맥을 잘라 인재 배출을 막았다는 얘기는 흔하다. 일본에 앞서 임진왜란 때 명군을 끌고 온 이여송이 쇠말뚝을 박았다는 얘기도 감초처럼 전해진다. 풍수침략설의 근거로 삼는 현장들이다. 하지만 주장은 쏟아지는데 증거는 시원찮다.

김영삼 정부 때인 1995년(광복 50주년)에 전국에서 119개의 쇠말뚝을 뽑아냈다. 국정감사장에서는 창경궁 바위에 꽂힌 쇠말뚝을 철저히 조사하라는 말도 나왔다. 이제야 역사를 바로 세우게 됐다는 환호 한쪽에서 의문도 나왔다. 기록이 없기 때문이다. 풍수침략용 쇠말뚝이라면 아무리 극비로 일을 진행했어도 단서는 남기 마련이다. 말뚝이 박힌 자리도 혈처라고 보기에는 엉뚱한 곳이 많았다.

역사학자 이이화는 이렇게 말한다.

"일제 당국은 개항 이후 우리나라의 지도와 해도를 작성할 수 있는 권리를 얻었다. 그들은 지도 작성의 과정에서 산마루에 쇠말뚝을 박아 표지로 삼았던 것이다. 이는 어느 일본인 개인의 짓이거나 풍수쟁이들이 엉뚱한 소문을 퍼뜨린 것으로 보인다."**63**

건축가 서현도 이런 의견에 동조한다. 대삼각점 소삼각점은 측량 표지다. 주요지점에 물리적 기준점을 설정하는 것은 기본이고, 측량을 모르던 조선 백성들이 이를 주술적 만행으로 봤을 수 있다는 말이다. 실제로 등산로 철제 난간이나 군사지역의 목재 전신주를 일제 말뚝이라고 주장하는 해프닝도 있었다.

이에 대한 반발도 거세다. 현장을 확인하지 않은 책방 서생의 편견이다, 측량 기준점이 아닌 곳에 박힌 말뚝은 뭔가, 위치 표시용 말뚝을 1미터 이상 박을 필요가 있나, 측량에 80킬로그램짜리 쇠말뚝이 왜 필요한가, 표지용으로 쇠말뚝을 쓰지 않는다 등등. 논란의 와중에 독립기념관에 전시하던 쇠말뚝은 사라졌다.

서울시 신청사 건립 때도 엉뚱한 얘기가 돌았다. 하늘에서 광화문 일대를 내려다보면 대일본(大日本) 글자가 드러난다는 주장이었다. 백악산이 '大', 조선총독부 건물이 '日', 옛 서울시청 건물이 '本'으로 보인다는 말이다. 그런데 조선총독부 건물 설계에 참여한 사사게이이치가 1926년《조선과 건축》에 쓴 글에는 다음과 같은 말이 나온다.

"평면도는 부지의 경계에 붙여서 궁형(弓形)으로 하고 (중략) 의장은 중앙 뒤쪽에 따로 설치하였다."

의장은 태평홀이다. 담당자가 '本'이 아닌 '弓'이라고 생각했다니 대일본설은 근거가 없는 셈이다. 하지만 등록문화재 52호인 옛 청사 태평홀은 일부가 뜯겨나가고 새 청사가 들어섰다. 새 청사 지을 공간을 확보하기 위해 누가 부러 퍼트린 말 아니었을까.

땅의 팔자 또는 운명

청와대 이전 얘기가 나오며 풍수가 다시 화제에 올랐다. 청와대 흉지설은 1992년 노태우 정부 때 최창조 교수가 불을 붙였다.

"청와대 자리가 서울 임자 되는 산의 중턱에 자리 잡음으로서 풍수가 금기시하는 성역을 차지하게 되어 살아 있는 사람이 터전으로 삼아서는 안 되는 신적 권위를 가진 자리가 되었고, 또한 적어도 청와대는 풍수상 죽은 사람 혹은 신 같은 존재만이 살 수 있는 땅이므로 옮겨가야 한다."[64]

사실과 주장을 버무린 무시무시한 얘기도 있다. 칠궁은 후궁들의 거처가 아니고 신위를 모신 곳이다. 본래 여기저기 흩어져 있던 것을 일제가 지금의 장소로 모았다. 경복궁 후원이었던 청와대 터는 버려진 땅도 아니었다.

"(청와대 터는) 산의 정기(정맥)가 아니라 편맥(곁가지 맥)이 내려오는 자리죠. 조선 시대에는 한(恨) 많은 후궁들이 거처하던 칠궁의 자리였습니다. 후궁이 왕자를 낳고도 소외돼서 쓸쓸히 여생을 살다 간 곳으로 여인들의 한이 서려 있습니다. 또 한때 무수리들의 임시 무덤과 군사들의 무예훈련장으로도 사용되었던 곳입니다. 소외되고 버려진 땅이라는 뜻이죠. 일제강점기에는 일제가 조선총독의 관저를 지은 터이기도 한데, 그로부터 6년 만에 일제는 패망하여 물러가게 됐죠."[65]

2019년 유홍준 교수도 문재인 정부 시절 "풍수상의 불길한 점을 생각할 적에 청와대를 옮겨야 한다"고 밝혔지만 결국 실행에 옮기지 못했다.

김두규 우석대 교수는 생각이 다르다.

"(논란이 많지만) 청와대 일대는 길지라고 보는 것이 맞다. 청와대에 들어서면서 받은 첫 느낌이 포근함인데, 이는 좋은 땅의 기본 조건이다. 청와대 터를 완전한 길지라고 보기도 어렵겠지만, 1000년 동안 각 시대마다 한 국가의 근간으로 삼으려 했던 점만 봐도 흉지설은 설득력이 약하다. 지기가 쇠했다는 말도 있지만 땅이 기운을 잃었다면 이렇게 나무가 울창하게 자라겠나. 꾸준히 청와대 터 바위 지형의 단점이 제기되고 있지만 생각보다 청와대 경내에 흙으로 이뤄진 지형들이 많이 있다. 와서 보니 중출맥을 따라 내려오는 곳은 대부분 흙으로 이뤄져 있었는데, 이는 굽이쳐 내려오는 용맥이 걸림돌(바위) 없이 순탄하게 내려왔다는 의미다."[66]

보는 시각에 따라 다르다는 말이다. 흉지설은 청와대가 바위산인 백악산의 살기를 직접 받는 자리에 있어 사람 사는 데 적합하지 않다고 주장한다. 그런데 실록을 비롯한 조선 시대 기록에는 청와대 자리의 풍수 얘기가 나오지 않는다. 고종 때가 돼서야 경복궁 후원으로 편입됐으니 주목받는 위치도 아니었다. 광복 뒤 일본총독 관저를 대통령 집무실로 쓰며 말이 나오기 시작했고, 노태우 정부 시절 본관과 관저를 새로 지으며 본격 논쟁이 붙었다. 청와대를 거쳐 간 그때까지 대통령들의 끝이 좋았으면 흉지설이 아니라 길지설이 득세하지 않았을까.

땅의 운명은 환경에 따라 달라진다. 서산 간척지와 강화 들판은 예전에 바다였다. 모래벌판이던 잠실이 아파트숲이 되고, 쓰레기산 난지도 일대에 디지털미디어센터가 들어섰다. 비만 오면 물이 차던 망원동은 청춘의 핫 플레이스가 됐다. 교외 공동묘지 자리에 고급 주택단지나 대단위 아파트단지가 들어선 경우도 많다.

트럼프 전 미국대통령이 큰돈을 번 이유가 드라마틱하다. 그는 사업가 시절 중국과 홍콩을 드나들며 동양인들의 풍수관을 눈여겨봤다. 시대가 달라졌지만 중국인들은 여전히 풍수에 관심을 기울인다. 자본주의의 최첨단을 상징하는 홍콩의 건축물 곳곳에도 상징이 숨어 있다. 홍콩섬의 남부 부자동네에 세운 리펄스베이 맨션은 가운데가 뻥 뚫려 있다.[67] 뒷산에 사는 용이 바다를 오가는 통행로라는 의미다. HSBC은행은 빅토리아항이 내려다보이는 자리에 위치해 있다. 풍수에서 물은 돈과 관련이 있다. 공간이 곧 돈인 홍콩인데 은행 로비를 그냥 비워놓았다. 기의 흐름을 막지 않으려 그랬단다. 건물 옆에는 청동사자상이 둘 있는데 동쪽을 보고 있는 사자는 입을 다물고 있다. 동쪽에서 불어오는 바람을 마시면 사자가 밤에 살아서 움직인다는 속설 때문이다. 서울에도 동물과 관련된 풍수조각물이 곳곳에 있다. 서울 동자동 KDB생명타워 정문 옆에는 돌로 깎은 코끼

리가 네 마리 있다. 종로구 서린동 SK 사옥과 마포구 상암동 한샘 사옥에는 거북이 형상이, 강남구 역삼동 어느 빌딩 앞에는 금두꺼비상이 있다. 모두 액운을 막고 번영을 기원하는 상징물이다.

트럼프는 이런 동양의 풍수를 이용해 부동산 개발에 나섰다. 버려진 강변 땅을 헐값에 사들여 초고층 아파트로 줄줄이 개발했다. 전망을 확보하려 지형을 바꾸는 일은 기본이었다. 중장비를 투입하면 못하는 일이 없다. 이제 땅의 팔자는 사람의 의지, 자본과 기술이 결정하는 시대가 됐다.

용산, 변두리서 중심으로

용산도 마찬가지다. 청와대와 용산 대통령 집무실은 능선으로 이어져 있다. 용산집무실은 백악산~인왕산~사직터널~서울시교육청~경향신문사~서소문~숭례문~남산 능선~하얏트호텔~이태원부군당 역사공원~녹사평역~둔지산 능선의 끝에 있다. 백악산에서 한양도성을 시계반대방향으로 절반을 돌아서 내려간 자리다. 본래 편안한 땅이 아니었다. 한강이 가까워 모래사장과 습지가 많은 동네였다. 홍수가 나면 자주 물길이 달라졌다. 만초천을 역류한 물이 삼각지와 서울역을 거쳐 숭례문 근처까지 들어오기도 했다. 만초천 지류 하나가 삼각지 전쟁기념관 뒤로 흐르니 용산 일대는 홍수에 취약했다. 외적이 한강을 거슬러 공격해오면 방어도 마땅치 않았다. 일제강점기까지만 해도 사정은 크게 달라지지 않았다. 1940년대 미군이 작성한 지도를 보면 경원선(지금의 경의중앙선) 밖으로는 모래사장밖에 없다. 지금의 모습을 갖춘 계기는 한강치수 사업에 따라 1972년에 강변북로가, 1986년에 올림픽대로가 뚫리면서다. 동부이촌동 신동아 아파트가 1984년에 들어섰으니 그때까지는 인근에 이렇다 할 시설이 없었다. 남산은 청와대의 백악산처럼 든든한 배경이 되지 않는다. 과거의 풍수 논리라면 집무실 이전은 생각지도 못할 조건이었다. 서울이 팽창하며 땅의 모양이 달라졌기에 가능한 일이었다.

조선의 왕들도 집무실을 옮겨 다녔다. 물론 집무실 이전은 수도 이전과 다르다. 조선 500년 동안 경복궁이 제1궁 역할을 한 시기는 200년 남짓이다. 임진왜란으로 경복궁이 불탄 뒤 왕들은 창덕궁과 덕수궁(경운궁) 등에 머물렀다. 궁을 복원할 여력이 없어 경복궁은 오랫동안 폐허였다. 정부 수립 뒤 74년 동안 역대 대통령들은 청와대 자리에 머물렀다. 역사 속에서 보면 길지 않은 기간이다.

수도 이전 논의가 수차례 있었지만 실제로는 두 번 추진했다. 첫 시도는 박정희 대통령이다. 공주시 장기면(현 세종시 장군면) 일대에 임시행정수도를 만들려던 계획이었다. 1979년 서거하며 없던 일이 됐다. 충청권에 신행정수도를 만들려던 노무현 대통령의 시도는 헌법재판소가 위헌판결을 내려 계획을 축소했다.

용산의 가치를 먼저 알아본 사람은 고건 전 국무총리다. 서울시장 때 서울시청을 지금의 용산구청 부지로 옮기려 했다. 지하철 6호선 녹사평역 규모가 이를 말한다. 원통형 수직구조로 만든 역사는 지하 4층 깊이인데 타고 내리는 승객 수에 비해 꽤나 크다. 시청 이전을 대비해 미래 수요를 예상해 만들었기 때문이다. 지금은 막아놨지만 미군기지로 통하는 출입구도 있다. 화려한 인테리어와 자연채광을 이용한 설계 덕에 건축학도들의 답사 필수 코스가 됐다. 6호선을 건설할 때 시장이 고건이다.

대통령 집무실이 용산으로 옮겨가며 한국은 바다와 그만큼 가까워졌다. 한강과 임진강은 파주 오두산 전망대 앞에서 만난다. 두 물이 만난 합수머리에서 강화만까지 흘러가는 강이 조강(祖江)이다. 백두대간을 달려온 물줄기 둘이 바다와 만나며 유순해지는 지점이다. 직선거리로 동작대교에서 조강까지는 40킬로미터니 딱 100리 길이다. 예전에는 이 물길을 통해 삼남과 바다의 온갖 물산들이 올라왔다. 일제강점기에 근대식 철도와 도로망이 깔리며 뱃길 의존도는 점점 줄어들었다. 한국전쟁이 결정타였다. 휴전 뒤 조강의 가운데가 남북경계선이 되며 한강으로 통하는 뱃길이 막혔다. 조강은 서해 NLL의 시작점이다. 경계를 알 리 없는 물고기들은 마음대로 오가지만 사람들은 오가지 못한다. 중립수역이기 때문에 해군 함정도 UN군기를 걸고 오간다.

일직선 위의 비밀 아닌 비밀

북한산과 관악산을 잇는 선 위에 중요 문화유산과 시설물들이

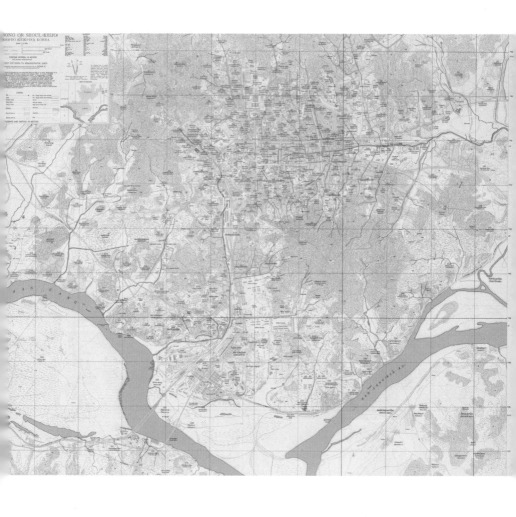

1946년 미군이 만든 지도. 이촌역과 서빙고역 앞쪽은 거의 모래사장이다. 국립중앙박물관 자리 양옆으로 둔지산에서 나오는 개울이 보이고, 한강의 흐름도 지금과 많이 다르다. 이때만 해도 지금의 대통령 집무실과 한강 모래사장까지 거리가 1킬로미터가 되지 않는다.

놓이게 된 이유는 뭘까. 1900년대 초까지만 해도 도성 안에서 직선 도로는 광화문 앞길과 운종가 둘뿐이었다. 운종가는 흥인문에서 돈의문을 잇는 지금의 종로축이다. 이 두 개의 길이 한양 도시계획의 기본축인 셈이다. 이보다 작은 몇 개의 길이 그나마 곧고, 나머지 작은 길들은 산과 물길을 따라 자연스럽게 났다. 도성 안의 길들이 바둑판처럼 질서정연하지 않은 이유다.

이순신 장군 동상 앞에서 시청에 이르는 세종대로는 본래 없었다. 세종로사거리는 삼거리였다. 세종로사거리 바로 남쪽, 지금의 코리아나호텔 부근에 황토현이라는 낮은 고개가 있었다. 돈의문~러시아공사관 터~영국대사관~서울시청으로 내려오는 능선의 끝이었다. 광화문에서 내다보면 황토현 너머로 숭례문과 관악산이 보였다. 조선 때는 숭례문에서 광화문을 가려면 한국은행~을지로입구역~광교~종각에서 좌회전~종로1가를 거쳐 교보문고 앞에서 우회전해야 했다. 서울의 도로 정비는 일제강점기인 1907년에 시작해 1936년까지 이어진다.

1915년에 열린 조선물산공진회는 대중 교통망 정비의 계기가 됐다. 경복궁에 이르는 길들이 새로 생기기도 하고 넓어졌다. 1914년에 광화문~황토현광장~대한문광장~숭례문~서울역을 잇는 지금의 세종대로(당시 이름은 태평로)가 뚫렸다.[68] 이보다 앞서 1906년에는 서울역에서 한강으로 이어지는 한강대로를 완성했다. 서울역과 용산 일본군 기지를 잇는 길이다. 이때부터 용산에는 부대청사, 숙소, 훈련장 같은 병영시설이 들어서기 시작했다. 1910년경 둔지산 일대는

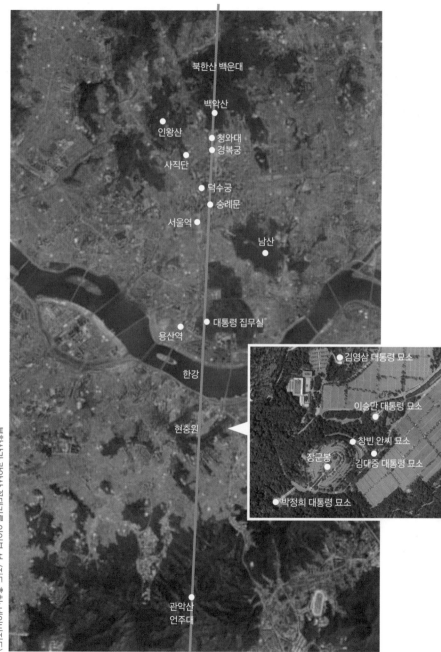

북한산 백운대

백악산

인왕산

청와대

경복궁

사직단

덕수궁

숭례문

서울역

남산

용산역

대통령 집무실

한강

현충원

김영삼 대통령 묘소

이승만 대통령 묘소

창빈 안씨 묘소

장군봉

김대중 대통령 묘소

박정희 대통령 묘소

관악산
연주대

북한산과 관악산 꼭대기를 이어본 선. (지도 출처: 네이버지도)

동작동 국립서울현충원에 있는 창빈 안씨 묘역. 조선 선조 이후 임금은 모두 창빈의 자손이다.

거대한 군사기지가 됐다. 광복 뒤 이 자리는 일본군 무장해제를 위해 들어온 미 제7사단의 임시주둔지가 됐다. 한국전쟁이 다시 한번 용산의 운명을 바꿨다. 1953년에는 미8군사령부가, 1978년에는 한미연합사가 새로 출범하며 용산에 눌러앉았다.[69]

　한강대교에서 서울역까지의 철도와 대로가 북한산~관악산을 잇는 선과 거의 일치하는 이유는 지형 때문이다. 자동차 길이 나기 전인 조선 시대에 한강 이남에서 서울로 들어오는 길은 주로 관악산 동쪽 남태령길이었다. 일제 강점기 이후 1968년에 경부고속도로가 뚫리기 전까지는 관악산 서쪽이 붐볐다. 지형이 평탄한 쪽으로 길들을 냈기 때문이다. 1번국도와 경부선이 그 대표다. 남서쪽에서 안양~영등포~노량진으로 휘어져 들어오는 경부선은 용산역에서 살짝 방향을 바꿔 서울역으로 이어진다. 1900년에 한강철교가 놓이고 경인선을 서울 도심까지 연결했다. 1905년에 경부선을 개통하며 서울역은 교통의 핵심이 된다. 광화문~서울시청~숭례문~서울역을 남북으로 잇는 세종대로는 동서방향의 종로와 함께 서울 중심도로가 된다.

　이 선의 연장선상에 국립서울현충원이 겹쳐 있다. 현충원 묘역의 원조는 중종의 후궁 창빈 안씨 묘역으로 1550년에 모셔졌다. 명당 중의 명당이라는 말을 듣고 경기도 장흥에서 이장을 해왔다. 그 뒤 손자인 선조가 왕위에 올랐다. 후궁의 자손으로는 처음이다. 이후 조선의 임금은 모두 창빈의 후손이다. 그 400여 년 뒤인 1955년 7월 일대에 국군묘지가 들어섰다. 한국전쟁 과정에서 숨진 전사자들을 안장하는 자리였다. 1965년에는 국립묘지로 승격되며 군인 아닌 국가유공자들도 안장하게 됐다. 명당의 기운에 기대고 싶어서일까. 창빈 안씨 묘역 주위에 역대 대통령들이 묻혀 있다. 뒤에 박정희, 옆에 김대중, 앞에 이승만, 건너편에 김영삼. 이제는 빈자리가 없다.

북한산과 관악산을 잇는 선 위에 쌓인 사연은 차고 넘친다. 역사와 지리, 필연과 우연이 버무려진 이야기들이다. 그동안 서울은 동서남북으로 넓어지고 이 순간에도 변하고 있다.

현대사의 중심이자 대통령의 공간이던 청와대도 임무를 마치고 새로운 시간을 맞았다.

이 그림을 그릴 때 대통령 집무실 이전 얘기는 없었다. 가운데 아랫부분의 비어 있는 땅이 용산 미군기지다. 집무실은 그 안에 있다. (그림 출처: 〈강북전도〉 부분. 2021년작)

나가며

　대통령 거처였던 관저는 꽤나 큰 기와집이지만 요란한 치장은 없다. 나무 기둥은 빛바래고 밑동이 여기저기 벗겨져 있다. 갈라진 틈을 메우고 다시 칠을 해야지 싶다. 본채 앞에는 나무로 틀을 만든 쿠바식 상자 텃밭 다섯 개가 있다. 상추며 고추며 가지 같은 채소가 자라던 자리다. 뒤란으로 돌아가면 열린 창문으로 미용실이 들여다보인다. 벽에 걸린 월별 달력은 2022년 5월에 멈춰 있었다. 원고 수정을 위한 보충 취재를 하며 청와대를 다시 돌아봤다. 관저 미용실에 걸렸던 달력이 그새 없어졌다. 이 또한 역사인데…. 달력 속 시간과 달리 청와대의 시간은 현재진행형이다. 쓰임새가 바뀌었을 뿐이다. 개방 초기 혼란이 웬만큼 잦아들고 관람객 발걸음도 느긋해졌다.

고려 남경, 조선 경복궁 후원, 일제강점기 조선총독 관저, 해방 공간 미군정청장 관저, 대한민국 대통령 공간으로 수많은 사연을 켜 켜이 쌓아온 장소가 청와대다. 오늘도 새로운 이야기들이 더해지고 있다. 공간 활용을 놓고 온갖 의견이 오가고 있지만 엉뚱한 삽질을 경계한다. 청와대는 빛과 그늘을 담고 있다. 자랑하고 싶은 역사가 있고 부끄러운 역사도 있다. 있는 그대로 보여줄 때 생각할 여지가 생긴다. 판단은 관람객 몫이다.

책을 내며 여러 분들에게 도움을 받았다. 조선과 서울을 오래 연구해온 홍순민 선생은 균형을 잡아주셨다. 고향이 서촌인 장인용 선생은 동네 사연을 풍성하게 풀어놓으셨다. 경내 곳곳을 드나들며 식생을 살핀 눌와 김효형 대표 덕에 나무 얘기가 생생해졌다. 국외소재문화재재단 강임산 부장은 갖가지 자료를 챙겨주셨다. 문화재청 청와대국민개방추진단 담당자들이 많은 궁금증을 풀어주셨다. 청와대 경호의 세계를 들으면서는 손에 땀을 쥐었다. 정작 이야기를 해주신 분은 이름 밝히기를 사양해 이렇게나마 고마움을 전한다.
얼떨결에 낸 책이다. '원흉'은 이충렬 전기 작가다. 을지로 골뱅이 골목에서 함께 맥주를 마시던 어느 날이었다. 이런저런 얘기를 나누던 중에 청와대가 화제에 올랐다. 잠시 뒤 담배를 피우러 나간 선생이 누군가와 통화하는 모습이 보였다. 그러더니 가게로 들어와서는 뜬금없이 다 됐단다. 뭔 소리인가 했는데 그 잠깐 사이에 위즈덤하우스 류혜정 편집자와 이야기를 마쳤단다. 이게 아닌데, 했지만 주워 담을 수 없는 상황이 됐다. 꼼짝없이 코가 꿰어 여기까지 왔다.
자나 깨나 사람 조심.

참고문헌

강용권 등,《한국의 발견 서울》, 뿌리깊은나무, 1983년

김두규,《권력과 풍수》, 홀리데이북스, 2021년

김진애,《김진애의 도시 이야기》, 다산초당, 2019년

대통령 경호처 편저,《청와대와 주변 역사·문화유산》, 2019년

박상진,《청와대의 나무와 풀꽃》, 대통령 경호처, 2019년

유현준,《공간이 만든 공간》, 을유문화사, 2020년

이중환 저, 안대회 이승용 외 역,《완역 정본 택리지》, 휴머니스트, 2018년

최종현 김창희,《오래된 서울》, 동하, 2013년

토드 A. 헨리 저, 김백영 정준영 이향아 이연경 역,《서울, 권력도시》, 산처럼, 2020년

팀 마샬 저, 김미선 역,《지리의 힘 1》, 사이, 2016년

팀 마샬 저, 김미선 역,《지리의 힘 2》, 사이, 2022년

한은화,《아파트 담장 넘어 도망친 도시생활자》, 동아시아, 2022년

홍순민,《홍순민의 한양읽기: 궁궐 상·하》, 눌와, 2017년

국가기록원 https://www.archives.go.kr

국립중앙박물관 http://www.museum.go.kr

서울대 규장각 한국학연구원 https://kyu.snu.ac.kr

주석

1   김영상 인터뷰, *조선일보*, 2022년 4월 9일

2   *뉴스1*, 2022년 7월 20일

3   *경향신문*, 1961년 4월 5일

4   *중앙일보*, 1993년 2월 28일

5   *한국일보*, 2022년 3월 6일

6   *월간중앙*, 2020년 2월호

7   *월간중앙*, 2020년 2월호

8   JTBC, 2015년 11월 4일

9   임권택, 남기고 싶은 이야기들, *중앙일보*, 1999년 3월 10일

10 KBS, 2019년 2월 12일

11 *중앙선데이*, 2010년 4월 3일

12 *월간중앙*, 2020년 9월호

13 *조선일보*, 1968년 1월 23일

14 *한겨레*, 2003년 12월 3일

15 *동아일보*, 2004년 1월 30일

16 *신동아*, 2004년 2월호

17 *연합뉴스*, 2022년 6월 21일

18 대통령 경호처 편저, 《청와대와 주변 역사·문화유산》, 2019년

19   *서울신문*, 1990년 10월 29일

20   *대한매일신보*, 1908년 6월 18일

21   고종실록, 1895년 11월

22   *월간중앙*, 2020년 6월호

23   경기도 편찬사료, 〈경기지방의 명승사적〉 경복궁의 정리, 1937년

24   이순우, 〈식민지 비망록 39〉, 민족문제연구소, 2018년 9월

25   대통령 경호처 유튜브 '경호수첩', 2020년 7월 1일

26   *중앙일보*, 2022년 6월 17일

27   *경향신문*, 2022년 5월 15일

28   *일요신문*, 2017년 6월 23일

29   *주간동아*, 2007년 10월 10일

30   *중앙일보*, 2018년 5월 6일

31   SBS, 〈사라진 보물〉, 2022년 7월 1일

32   *조선일보*, 2008년 2월 29일

33   *백세시대*, 2013년 5월 3일

34   *국민일보*, 2009년 5월 25일

35   *연합뉴스*, 2017년 8월 12일

36   *중앙일보*, 2022년 5월 3일

37   장태완, 《12.12 쿠데타와 나》, 명성 출판사, 1993년

38   한은화, 《아파트 담장 넘어 도망친 도시 생활자》, 동아시아, 2022년

39   *나무신문*, 2022년 1월 6일

40   *월간조선*, 2016년 5월호

41   *동아일보*, 1921년 7월 27일, 1924년 7월 21일, 1925년 1월 5일

42   *월간중앙*, 2021년 11월호

43   *한겨레*, 2019년 5월 9일

44   *오마이뉴스*, 2016년 9월 1일

45   *한겨레*, 2015년 11월 13일

46   *서울신문*, 건축가 황두진의 무지개떡 건축을 찾아서, 2016년 6월 27일

47   *한겨레21*, 2021년 10월 30일

48   대한체육회, 《불멸의 혼 손기정》, 대한체육회, 2012년

49   데라시마 젠이치 저, 김연빈 김솔찬 역, 《손기정 평전》, 귀거래사, 2020년

50   손기정, 《나의 조국 나의 마라톤》, 휴머니스트, 2022년, 61~62쪽

51   박찬일, 《노포의 장사법》, 인플루엔셜, 2018년

52   *국민일보*, 2005년 6월 7일

53   *일요신문*, 2016년 3월 3일

54   *동아일보*, 1966년 9월 12일

55   *동아일보*, 〈청진동 내외주점〉, 1924년 7월 10일

56   *동아일보*, 1925년 6월 9일

57   *동아일보*, 1978년 12월 27일

58   *동아일보*, 2010년 2월 17일

59   신희권, 《한양도성, 서울을 흐르다》, 북촌, 2016년

60   《연산군일기 51권》, 연산 9년 12월 1일

61   *경향신문*, 2021년 4월 21일

62   무라야마 지준 저, 최길성 역, 《조선의 풍수》, 민음사, 1992년 10월 2일

63   이이화, 《이이화의 역사풍속기행》, 역사비평사, 1999년 6월 30일

64   최창조, *동아일보*, 1992년 7월 29일자 칼럼

65   *월간조선*, 조수범 단국대학교 평생교육원 교수 인터뷰, 2018년 8월호

66   *매경 LUXMEN*, 2022년 6월

67   김두규, 《권력과 풍수》, 홀리데이북스, 2021년

68   경성부, 《경성부사 2》, 1936년, 305쪽

69   〈서울과 역사〉 제110호, 서울역사편찬원, 2022년 2월

이제는 모두의 장소

처음 만나는 청와대

초판 1쇄 인쇄 2022년 10월 26일 **초판 1쇄 발행** 2022년 11월 3일

지은이 안충기
펴낸이 이승현

출판2 본부장 박태근
W&G 팀장 류혜정
편집 류혜정
디자인 mmato

펴낸곳 ㈜위즈덤하우스 **출판등록** 2000년 5월 23일 제13-1071호
주소 서울특별시 마포구 양화로 19 합정오피스빌딩 17층
전화 02) 2179-5600 **홈페이지** www.wisdomhouse.co.kr

ⓒ 안충기, 2022

ISBN 979-11-6812-501-8 03910